hänssler

Mabel Williamson

Haben wir keine Rechte?

Fundamente für
Nachfolge und Dienst

Die Deutsche Bibliothek — CIP-Einheitsaufnahme

Williamson, Mabel:
Haben wir keine Rechte? : Fundamente für die Nachfolge und Dienst /
Mabel Williamson. [Übers. von Emmi Baumann]. —
Neuhausen–Stuttgart : Hänssler, 1992
  (TELOS-Bücher ; NR. 612)
  Einheitssacht.: Have we no rights? <dt.>
  ISBN 3-7751-1874-8
NE: GT

TELOS-Taschenbuch Nr. 7612
Bestell-Nr. 77.612
© Copyright 1950 by China Inland Mission, Thun, Schweiz
Originaltitel: Have We No Rights?
Übersetzt von Emmi Baumann
© Copyright der deutschen Ausgabe 1992 by Hänssler-Verlag,
Neuhausen-Stuttgart
Titelbild: B. Bolanz, VERLAG FÜR ALLE, Friedrichshafen
Umschlaggestaltung: Daniel Dometsch
Satz: AbSatz Ewert-Mohr, Klein Nordende
Printed in Germany

Inhalt

Haben wir keine Rechte?

»Nun«, sagte die Mutter, während sie die Tasse, die sie eben abgetrocknet hatte, hinstellte und eine andere nahm, »je älter ich werde, und je älter meine Kinder werden, desto mehr erkenne ich, wie wenig Rechte der Mensch sogar auf seine eigenen Kinder hat. Sobald sie die höheren Schulen besuchen, ja eben — so gehören sie einem nicht mehr!«

»Aber, Mutter«, protestierte ich und hätte beinahe die Pfanne, die ich gerade abtrocknete, fallen lassen. Erstaunt blickte ich zu ihr auf und entgegnete: »Natürlich gehören wir dir. Wem sollten wir denn sonst gehören?«

Einen Augenblick herrschte Stille. Dann sagte die Mutter leise: »Ihr — ihr gehört euch selbst.«

Amerika — das Land der Freiheit und der vielen Möglichkeiten. Das Land, in dem jedermanns Rechte geachtet werden. Das Land, in dem der Sohn eines unnützen Trinkers sich zähneknirschend vornimmt, einst reich und angesehen zu sein. Hier in Amerika sind wir stolz darauf, daß jeder Mensch das Recht hat, so zu leben, wie es ihm gefällt, vorausgesetzt, er verletzt die Rechte der andern nicht.

Rechte — deine Rechte — meine Rechte. Was sind denn eigentlich Rechte?

Ein halbes Dutzend Missionare war in dem einfach ausgestatteten Wohnzimmer eines Missionshauses in China zum Gebet zusammengekommen. Einer aus dieser Gruppe redete mit uns über etwas, was ihm auf dem Herzen lag. Ich werde das Wesentliche davon nie vergessen.

»Ihr alle wißt«, begann er, »daß ein großer Unterschied besteht zwischen ›Bitterkeit essen‹ (ein chinesischer Ausdruck für

›Mühsal leiden‹ und ›Verlust essen‹ (chinesischer Ausdruck für ›Verlust der Rechte leiden‹). ›Bitterkeit essen‹ ist nicht schwer. Mit einer Evangelistengruppe hinausziehen, dreißig oder vierzig Kilometer wandern, um zu dem Ort zu gelangen, wo man arbeiten möchte, dort das Zelt aufschlagen, die Stadt mit Plakaten dekorieren und einige Wochen angestrengt evangelisieren — dies alles bedeutet Freude. Das Bett mag vielleicht aus einigen auf einen Sägebock gelegten Brettern bestehen, das Essen dreimal täglich aus Reis, Kohl und Bohnenkäse; doch ist das gerade das Schöne an einem solchen Unternehmen. Haben wir es nicht alle nötig, zu einem einfachen Leben zurückzufinden? Ein bißchen ›gesunde Bitterkeit‹ tut jedem gut.«

»Als ich nach China kam«, fuhr er fort, »war ich auf ›Bitterkeit‹ gefaßt; ich war bereit, solche zu essen und sie zu lieben. Dies hat mir keine Sorgen bereitet. Natürlich dauerte es eine Weile, bis sich der Gaumen an das chinesische Essen gewöhnt hatte, doch war es nicht schwerer, als ich erwartet hatte. Etwas anderes«, er machte eine Pause, »etwas anderes, über das ich nie nachgedacht hatte, machte mir aber Mühe. Es gab ›Verlust‹ zu essen. Ich erkannte, daß ich nicht länger auf Rechte beharren, daß ich überhaupt keine Rechte mehr haben durfte. Ich entdeckte, daß ich sie alle, jedes einzelne Recht, aufgeben mußte. Das war das Allerschwerste.«

Jener Missionar hatte recht gesehen. Auf dem Missionsfeld sind nicht Beschwerden oder Verzicht auf Bequemlichkeit und die Härte der Lebensart das, was den Missionar niederdrückt und wankend macht. Es ist etwas viel weniger Romantisches, dafür etwas viel Wirklicheres. Es trifft dich in deinem Innersten, berührt deine Lebensader. Der Missionar hat seine persönliche Art zu leben aufzugeben. Er hat auf seine eigenen Rechte zu verzichten. Er hat, mit Jesu Worten gesprochen, sich selbst zu verleugnen. Er muß ganz einfach sich selbst hergeben.

Paulus wußte dies. Wenn du es nicht glaubst, dann schaue nach in 1. Korinther 9 (Verse 4. 6. 12. 19.): »Haben wir nicht

das Recht, zu essen und zu trinken?« fragt er. »Oder haben allein ich und Barnabas nicht das Recht, nicht zu arbeiten?« …
»Aber«, fährt er fort, »wir haben von diesem Recht keinen Gebrauch gemacht … denn obwohl ich frei bin von jedermann, habe ich mich jedermann zum Knecht gemacht, auf das ich möglichst viele gewinne.«

Paulus gab als Missionar willig seine Rechte auf um des Evangeliums willen. Bist du bereit, dasselbe zu tun?

»Aber«, fragt jemand, »warum sollte dies in besonderer Weise für den Missionar gelten? Welche Rechte müssen auf dem Missionsfeld aufgegeben werden, die ein gläubiger Christ in der Heimat, der ein geheiligtes Leben führen möchte, nicht auch aufzugeben hätte?«

Die folgenden Kapitel zeigen einige davon.

Messer und Gabel –
oder Stäbchen?

»Haben wir etwa nicht das Recht, zu essen und zu trinken?«

1. Korinther 9, 4

Der weißhaarige Missionssekretär blickte mich lächelnd an.
»Nun«, sagte er, »es hängt alles von Ihrem Standpunkt ab.
Wir finden, daß man heute in den Tropen den amerikanischen
Kühlschrank als normal und notwendig betrachten darf, die
billigen bedruckten Vorhänge an den Fenstern jedoch als eine
ungerechtfertigte Verschwendung verurteilen sollte!«
Meine Gedanken gehen zurück zu einem einfachen Mis-
sionshaus in China mit einer billigen Strohmatte auf dem lak-
kierten Boden der Wohnstube. Ich sehe die Landfrauen, wie sie
sorgfältig versuchen, zu ihren Stühlen zu gelangen, ohne die
Matte zu berühren. Matten gehören nach ihrer Meinung auf die
Betten und nicht auf den Boden. Sie denken so wenig daran, auf
meiner Matte herumzuspazieren, wie du daran dächtest, auf
meiner besten Wolldecke herumzutrampeln. Ich denke an unseren gedeckten Tisch und an die Besucher, die anstelle der
Eßstäbchen erstaunt das Silberbesteck und das weiße Tisch-
tuch anstatt den nackten Tisch betrachten. Ich denke daran,
wie stolz ich unseren Koch zu einem Besucher sagen hörte:
»Oh, natürlich haben sie Geld. Sie essen immer weißes Brot
und kaufen beinahe jeden Tag Fleisch, und erst was den Zucker
betrifft ... — Sie haben keine Ahnung, welche Mengen sie davon verbrauchen!«
Der englische Gottesdienst war vorüber, und wir begaben
uns mit einer Krankenschwester und einer Ärztin, die einer an-

deren Mission angehörten, zu deren Haus zurück. Ich war dort zum Nachtessen eingeladen. Die Predigt, die ein Missionar einer weiteren Mission gehalten hatte, war sehr eindrücklich und anregend gewesen. Er hatte über Lukas 8, 14 gesprochen. »Was aber unter die Dornen fiel, sind die, die hören und gehen hin und ersticken unter den Sorgen, dem Reichtum und den Freuden des Lebens und bringen keine Frucht.«

»Dieser Vers muß sich auf Missionare beziehen«, hatte der Sprecher seine Predigt begonnen, »denn es heißt: Als sie es hörten, gingen die hin.«

Dann hatte er ein Bild beschrieben, das er zu malen versucht sei. Rings um den Rand würde er die »Sorgen«, den »Reichtum« und die »Vergnügen« zeichnen, die das rechte Arbeiten eines Missionars hinderten. Er erwähnte dabei Dinge, die er in seinem Heim liegen hatte. Ein großes Abrechnungsbuch, das den Missionar so sehr in Anspruch nehmen kann, daß er keine Zeit zum geistlichen Dienst findet. Eine Teetasse müßte den Kreislauf der Einladungen andeuten, wie es an einem Ort, wo mehrere Missionare arbeiten, leicht möglich ist; ein Haus und dessen Einrichtung, die beständig der Pflege bedürfen usw. Der letzte Teil war besonders eindrücklich gewesen. Wegen all diesem »Sorgen«, des »Vergnügens« oder der Dinge, die bei Gott an zweiter Stelle stünden, sei es möglich, daß der Missionar »keine Früchte zum Reifen bringe«.

Während des Nachtessens unterhielten wir uns über diese Predigt und deren tieferen Sinn. Dabei machte die Ärztin eine Bemerkung, die ich wohl nie vergessen kann.

»Als Frances und ich dieses Haus einrichteten«, sagte sie, »stimmten wir darin überein, daß ein Grundsatz nie übergangen werden dürfe. Wir würden nichts in unserem Heim dulden – weder an Möbeln noch an anderen Dingen –, das die einfachen, armen Leute, unter denen wir arbeiteten, davon abhielte, zu uns hereinzukommen, oder sie daran hinderte, sich bei uns daheimzufühlen.«

Ein gewisser Lebensstandard — egal wie hoch —, wie wichtig ist er? Tut es etwas zur Sache, ob wir Missionare auf Sprungfedermatratzen schlafen oder auf gewöhnlichen Brettern? (Ich ziehe die letzteren vor.) Macht es etwas aus, ob wir mit Stäbchen oder mit den Fingern essen, ob wir Seide oder Leinen tragen, ob wir auf Stühlen oder auf dem Boden sitzen? Ist es nicht gleichgültig, ob wir arm oder reich sind? Was macht es aus, ob wir Reis oder Kartoffeln essen? Ist es wichtig, ob wir so leben, wie wir es immer gewohnt waren, oder ob wir uns der Lebensweise derer anpassen, zu denen wir gehen?

Uns mag das vielleicht ziemlich viel ausmachen. Die meisten von uns essen lieber Kartoffeln als Reis. Mit andern Worten, die meisten von uns ziehen die gewohnte Lebensweise einer fremden vor. Was soll unsere Einstellung auf dem Missionsfeld sein? Dürfen wir Dinge, die wir lieben, weiter lieben und so leben, wie wir daheim lebten? Oder sollten wir nicht versuchen, uns so gut wie möglich dem Leben der Menschen anzupassen, unter denen wir arbeiten? Dies führt uns natürlich zu einer anderen Frage: Hat es einen Wert für die Verbreitung des Evangeliums? Wird unser Anpassen dazu beitragen, daß Seelen für Christus gewonnen werden?

Um alle diese Fragen zu beantworten, muß als erstes gesagt werden, daß der Lebensstandard des Missionars je nach den örtlichen Verhältnissen verschieden ist. An vielen Orten lebt ein Gemisch von Rassen und Menschen, wobei jeder seine eigenen Bräuche beibehält und man doch frei nebeneinander lebt. An solchen Orten wohnen vielleicht sogar viele Menschen aus westlichen Ländern, und die westliche Lebensweise ist dort nicht bloß bekannt, sondern wird sogar von den Einheimischen nachgeahmt. In solchen Lagen mag es gleichgültig sein, ob der Missionar seine Lebensweise ändert oder nicht.

Die meisten Missionare ziehen jedoch in Gegenden, wo der Lebensstil von allem Gewohnten abweicht und wo ihre Art zu leben von den Einheimischen nicht verstanden wird. Nun ist es ja ganz natürlich, daß wir die Leute gern haben, die alles so tun, wie wir es uns wünschen. Wir fühlen uns zu denen hingezogen, die sind wie wir, und wenden uns vielleicht unbewußt von denen ab, die anders sind als wir. Menschen anderer Länder denken ebenso. Wenn wir Leuten begegnen, deren Hautfarbe, Gesichtszüge, Kleidung, Sprache, Benehmen und Bräuche andersartig sind, so ist unsere natürliche Reaktion die, sie anzustarren oder zu lachen, oder beides zusammen. Es ist also nicht selbstverständlich, sich zu andersgearteten Menschen hingezogen zu wissen. Der Missionar möchte jedoch die Menschen anziehen. Die Menschen müssen sich zuerst zu ihm hingezogen fühlen, ehe sie von seiner Botschaft angezogen werden. Sie müssen ihn annehmen, ehe sie seine Botschaft annehmen. Je mehr wir uns ihrer Lebensweise anpassen, desto leichter, natürlicher und rascher werden sie uns annehmen.

Der Bericht der Missionars-Konferenz der C.I.M., die vor einigen Jahren in England stattfand, beinhaltet eine Lehre, die aus Erfahrungen von Missionaren bei ihrer Arbeit in China gezogen worden war. Es ist »der Wille, sich so gut wie möglich den sozialen Lebensverhältnissen der Menschen anzupassen, zu denen wir gesandt sind«. Das heißt natürlich, daß die verschiedenen Missionare dem örtlichen Standard gemäß leben. Meine Schwester und ich gehören zum Beispiel beide der China-Inland-Mission an. Während der letzten paar Jahre arbeitete ich in der modernen und reichen Stadt Singapore und lebte dort nach gewöhnlicher Mittelklasse — hatte fließendes Wasser, Elektrizität und Gas. Ich paßte mich dem Standard und der Lebensweise der Leute, unter denen ich wohnte, an. Zur gleichen Zeit arbeitete meine Schwester auf den Philippinen, lebte in einer Palmblatthütte, mußte ihr Wasser selbst aus dem Bach holen und schlief auf dem Boden. Sie glich sich dem sozialen Standard und der Lebensweise ihrer Mitmenschen dort an. Paulus sagt: »Ich bin allen alles geworden, damit ich auf alle Weise einige rette« (1. Kor 9, 22).

In welchem Maß ist es wünschenswert, sich der einheimischen Lebensweise anzupassen? Welche Grundsätze sollen uns leiten? Nun, erstens sollen wir mit den Einheimischen so vertraut werden, daß wir uns in ihren Häusern daheim fühlen. Wenn wir es unbequem finden, zu sitzen wie sie, oder wenn wir das Essen eklig finden, so werden sie sich selbstverständlich nicht sehr freuen, uns als ihre Gäste zu haben. Vielleicht erscheint es mir abscheulich, den Reis mit den Fingern vom Bananenblatt zu essen; doch wenn ich meinen Widerwillen zeige, werde ich wahrscheinlich nie mehr eingeladen werden. Meine Gastgeberin würde dann wohl denken, ich sei ein ungezogener Fremdling, und es habe keinen Wert, mich näher kennenzulernen oder den seltsamen Geschichten über einen Mann namens Jesus zuzuhören, die ich so gern zu erzählen schien! In ihren eigenen Häusern können wir leicht mit den Leuten bekannt werden und erkennen ihre Nöte. Wenn wir mit ihrer Art, zu essen, schlafen, arbeiten und spielen, bekannt geworden sind; wenn wir merken, was sie gerne mögen und was nicht, bekommen wir eine Ahnung davon, was sie hoffen, was sie fürchten, wie sie denken, wie sie fühlen. Erst wenn wir sie richtig verstehen, werden wir ihnen das Evangelium in der rechten Weise bringen können.

Zweitens möchten wir in unsern eigenen Häusern auf dem Missionsfeld so leben, daß sich unsere Nachbarn bei uns zu Hause fühlen, wenn sie uns besuchen. Das eigentlich Anziehende wird nicht nur äußerlicher und materieller Art sein. Wenn ich auch in einer Hütte lebe, die der ihren gleicht, es aber einfach nicht mag, wenn sie mir nahe kommen, so werden sie das merken und sich nicht mehr zu mir hingezogen fühlen. Wenn sie jedoch nicht nur Liebe und Gastfreundschaft erwartet, sondern auch eine Lebensweise, die der ihren entspricht, so wird der Weg zu ihren Herzen leichter zu finden sein.

Das heißt nun aber nicht, daß ich unüberlegt alle einheimischen Bräuche einfach anzunehmen habe. Falls ich nach Zentral-Afrika ziehe, werde ich bestimmt nicht das Tragen von Kleidungsstücken als ungerechtfertigten Luxus betrachten. Es ist auch nicht nötig, daß ich vergesse, den Boden meiner Palmblatthütte zu reinigen, nur weil die Nachbarn ihre Böden nicht wischen. Die Tatsache, daß jedermann Betel kaut oder Majong spielt, bedeutet nicht, daß ich diese Sitte ebenfalls annehme. Ich werde jedoch versuchen, ein Leben zu führen, das würdig wäre, von einem eingeborenen Christen nachgeahmt zu werden.

Etwas anderes muß hier noch erwähnt werden. Wir Missionare mögen es etwa folgendermaßen ausdrücken: »Ich würde gerne so leben wie die Eingeborenen, wenn ich nur könnte. Doch ich kann es einfach nicht.« Es ist wahr, wir können nicht ganz so leben wie diese und dabei gesund bleiben. Jemand, der in den Tropen geboren wurde, findet das Klima gerade recht. Dasselbe Klima nimmt aber dem Missionar, der von der gemäßigten Zone kommt, alle Energie. Fremdlinge sind den einheimischen Krankheiten gegenüber empfindlicher als Einheimische. Würde der Missionar nur das essen, was diese zu sich nehmen, so würde seine Gesundheit darunter leiden. Versuchte er, in einem Land, wo es keine modernen Geräte gibt, selbst alle Hausarbeit zu verrichten, so bliebe ihm wenig Zeit für das Sprachstudium oder die Verbreitung des Evangeliums. Auf den meisten Missionsfeldern ist eine gewisse Abweichung von der örtlichen Lebensweise notwendig, wenn die körperliche und geistige Gesundheit der Missionare erhalten werden soll.

Wir können uns jedoch allmählich an ungewohnte Dinge gewöhnen. Ich erinnere mich, wie ich einmal eine Nachbarstation besuchte, nachdem ich bereits einige Jahre in China zugebracht hatte. Es waren dort neue Missionare aus der Sprachschule angekommen — ein junges Ehepaar. Ich war gespannt, sie zu sehen; doch sie zeigten sich nicht. Als Antwort auf meine Frage, warum sie nicht erschienen, sagte man mir: »Oh, beide waren gestern abend zu einem Fest eingeladen, und das hat ihnen nicht gutgetan. Sie liegen beide im Bett.«

Mein Mut schwand dahin. Was werden diese beiden jungen Leute für eine Hilfe sein, dachte ich, wenn sie kein chinesisches Essen vertragen? Nie würden sie Landbesuche machen können, um in den kleinen Gemeinden dort zu dienen, wo sie doch so dringend benötigt werden. Niemand könnte ihnen ein westliches Essen, wie sie es gewohnt sind, anbieten. Wären sie doch besser daheimgeblieben!

Nach einigen Jahren begann derselbe junge Mann, in die Dörfer hinauszuziehen und dort zu arbeiten. Er machte seine Sache gut. Was aber noch schöner war — er begann das einheimische Essen den Speisen, die seine Frau ihm zubereitete, vorzuziehen. Ich erkannte damals etwas, was alle jungen Missionare trösten sollte, die das Essen oder die Lebensbedingungen schwierig finden. Nach einer bestimmten Zeit wird die Gewohnheit nicht nur das Schwierige erträglich machen, sondern vom »Nicht-Mögen« wird das »Nicht« endgültig gestrichen sein.

Der junge Missionar macht mit seinem älteren Kameraden einige Besuche. Alles ist neu für ihn. Alles ist fremd. Alles ist nervenaufreibend. Wird ihm ein Sitz angeboten, ist er unbequem. Wird ein Gericht oder etwas Trinkbares angeboten, so schmeckt es unangenehm. Auch wenn er vieles vom Gespräch versteht, empfindet er es doch als sehr ermüdend. Kommt er dann endlich zu Hause an, so ist er völlig erschöpft. Für ihn ist dies jedoch nicht das Schlimmste. Er sieht den älteren Missionar, den er begleitet hat. Dieser ist älter an Jahren, vielleicht bereits ein wenig gebückt und offensichtlich nicht bei bester Gesundheit. Dieser hatte alles getan, was der junge Missionar auch tat und noch mehr dazu. Er hatte den Tag über einige Male zu Scharen von Menschen gepredigt, die zusammengekommen waren; er hatte endlose Gespräche mit Interessierten geführt, wobei das Zuhören den Jüngeren allein schon ermüdet hatte. Doch fühlte sich dieser ältere Missionar frisch, als er daheim ankam.

Der junge Missionar auf seiner ersten Station hat oft durch

ein Stadium zu gehen, in dem ihm alles abstoßend, unbequem und schwierig scheint. Dies darf ihn aber nicht entmutigen. Jener ältere Missionar hat bestimmt auch einmal dieses Stadium durchlebt, obgleich er es längst vergessen haben mag. Die Änderung kommt nur langsam. Sie ist dem jungen Arbeiter nicht bewußt, er kann sie lange nicht sehen; wenn er die schwere Anfangsphase aber durchgestanden hat, wird er erfahren dürfen, daß die Gewohnheit das Schwere leichtgemacht hat. Die meisten finden, daß sogar Widerwärtigkeiten angenehm wurden.

Eine Mutter versuchte, ihr Kind zum Gemüseessen zu überreden. »Aber ich mag es nicht«, trotzte das Kind.

»Du wirst es aber gern haben«, ermutigte die Mutter. »Iß einfach ein paarmal davon, so wirst du dich daran gewöhnen, und bald wirst du es recht gern haben.«

Das Kind saß einen Moment ganz still und überlegte. Dann platzte es heraus: »Aber ich will doch dieses scheußliche Zeug gar nicht gern haben.«

Die Art anderer Menschen, ihre Gewohnheiten, ihre Lebensweise — *wollen* wir sie lieben? Oder halten wir an unseren Gewohnheiten fest, weil wir uns immer noch einreden, unsere Wege seien die einzig richtigen? Es kommt auf die innere Einstellung an. Wenn wir willig sind, unseren eigenen Lebensstandard aufzugeben, um uns soweit wie möglich dem Standard anderer anzupassen, ist es Sache unseres Herrn, uns soweit darin zu helfen, wie Er es für nötig erachtet. Laßt uns deshalb das Recht auf unseren eigenen Lebensstandard aufgeben, ehe wir auf das Missionsfeld hinausziehen. Dann sind wir bereit — soweit Er es ermöglicht —, den Stand der Menschen anzunehmen, zu denen Er uns sendet.

Liebe kommt vor Hygiene

»Der Bewerber soll die Kosten überschlagen, hat er doch ein Leben der Entbehrung, der Arbeit und wohl auch der Einsamkeit und Gefahr ins Auge zu fassen. Er wird auf Gott angewiesen sein, der seine Bedürfnisse sowohl in gesunden als auch in kranken Tagen befriedigen kann, wenn die Hilfe eines tüchtigen Arztes oft unmöglich zu erlangen ist. Als Diener treu erfunden, wird er aber in Christus und Seinem Wort volles Genüge, eine Fülle an Kostbarkeiten, Freude und Kraft finden, die jedes Opfer, das um Seinetwillen auferlegt sein mag, bei weitem überwiegen.«

Grundsätze und Richtlinien der China Inland Mission

Sorgfältig breitete ich ein großes Taschentuch, das meinen Arm vor dem Ankleben schützen sollte, auf dem Pult aus, und dann versuchte ich gewissenhaft, die schwierigen chinesischen Schriftzeichen vor mir abzuschreiben. Alle paar Minuten hielt ich an, um den Schweiß von der Stirne zu wischen.

»Wie wäre es mit einem Besuch bei Onkel Wong?« Mit diesen Worten betrat meine Schwester das Zimmer. »Die Frau des Pastors wollte mich begleiten, doch jetzt bekam sie Besuch und kann nicht weg. Es wäre für dich eine gute Gelegenheit, chinesisch zu sprechen, und diese Zeit wird nicht verloren sein, was deine Studien anbetrifft.«

Wir nahmen unsere Schirme, Palmblattfächer und Traktatbündel und machten uns auf den Weg. Die Sonne brannte heiß vom Himmel. Die Hitze war draußen schlimmer, doch täuschte uns eine Brise etwas Kühle vor. Die ebene Landstraße, auf der wir gut vorankamen, ließ uns die Hitze weniger empfinden. Die zwei Meilen waren bald zurückgelegt, und wir wurden herzlich begrüßt von Frau Wong und deren Tochter.

»Was für eine Überraschung, daß ihr zwei Lehrerinnen hierher kommt, heute, in dieser Hitze! Wir sind einer solchen Ehrerbietung gar nicht würdig. Ihr könntet doch eurer Gesundheit schaden, weil ihr die Hitze ja nicht so kennt in eurem ehrenwerten Lande! Setzt euch und ruht euch aus. Dieses Bambusbett im Schatten des Hauses ist ein kühler Ort. Tochter, bringe den Lehrerinnen Fächer! Oh, ihr habt sie ja mitgebracht! Ja, Fächer sind unentbehrlich bei diesem heißen Wetter. Schnell, Tochter, fache ein Feuer an und koche heißes Wasser zum Tee! — Oh«, plötzlich kam ihr etwas in den Sinn, »wir haben keine Teeblätter im Haus. Tochter, spring' schnell zu den Nachbarn und entlehne etwas Tee. Geh aber nicht zu den Leuten in der Nähe, die sind alle arm und besitzen keine Teeblätter. Eile zur vierten Tante drüben am andern Ende des Dorfes.«

Zu Hause haben wir immer einen Topf kühlen Wassers herumstehen, doch hier war nichts dergleichen bereit, obgleich das Trinken von ungekochtem Wasser für sie genau so gefährlich ist wie für uns. Wir erhoben lebhaften Einspruch und beteuerten, wir tränken genau so gerne »weißen Tee« (gekochtes Wasser) wie Tee mit Teeblättern. Frau Wong wollte davon nichts wissen. Doch dann kam ihr ein anderer Gedanke.

»Ich weiß etwas viel Besseres«, sagte sie. »Tochter, spring' schnell in den Garten und hole einige Gurken. Die sind ohnehin besser als Tee und stillen den Durst ebenso gut.«

Die Tochter eilte davon. Nach ein paar Minuten kam der große Sohn herein mit zwei bis zum Rand gefüllten Eimern Quellwasser und leerte sie in den steinernen Wasserkrug, der beinahe leer war. »Zieht ihr es vor, eure Gesichter in kaltem Wasser zu waschen? Oder habt ihr lieber warmes?« fragte Frau Wong.

»Bitte, kalt!« entgegneten wir beide und spürten bereits das kalte Wasser auf unsern heißen Gesichtern. Aber Frau Wong, bereits reuig, zündete ein Feuer an. »Ach, ich hätte diese dumme Frage besser nicht gestellt«, plauderte sie weiter, »natürlich entfernt kaltes Wasser den Schweiß nicht. Nein,

nein, es macht keine Mühe, das Wasser wird in einer Minute heiß sein!«

Das heiße Wasser wurde in eine Schüssel geschöpft, und Frau Wong schaute sich suchend im ganzen Raum um. Ich stieß meine Schwester verstohlen in die Seite. »Sie sucht ihr Handtuch«, flüsterte ich auf englisch. »Schnell, sage ihr, daß wir eines haben, sonst taucht sie ihr gebrauchtes ins Wasser.«

Zum Glück ließ sich das Familienhandtuch nicht finden, ehe wir das unsrige hervorgezogen und uns damit gewaschen hatten. Ich, als die Jüngere, ließ pflichtgetreu meine Schwester zuerst das Wasser benützen. »Wasche ja nicht zu nahe an den Augen vorbei«, sagte meine Schwester zu mir, »jemand in der Familie könnte kranke Augen haben, und wir benützen hier die Familienschüssel.«

Nachdem wir uns mit dem angebotenen Wasser gewaschen hatten, bediente sich Frau Wong desselben Wassers, denn endlich hatte sich der Familienlappen finden lassen. In diesem Augenblick kehrte die Tochter mit einer Handvoll Gurken zurück. Höflich bot sie meiner Schwester eine große Gurke an. Die Mutter entriß sie ihr jedoch rasch.

»Ein solch großes Mädchen und weiß noch immer nichts von Hygiene«, schalt sie streng. »Du hast sie nicht einmal gewaschen.«

Während die Gurken im kalten Wasser gespült wurden, dachte ich bei mir selbst, sie seien nach diesem Bad wohl kaum bazillenfreier als zuvor. Ungekochtes Wasser aus seichten Quellen ist nicht unbedingt keimfrei. Ich sagte aber nichts. Nachdem die Tochter die Gurken fertig gebürstet hatte, nahm die Mutter ein Messer und begann zwei davon zu schälen und reichte sie uns. Ihre eigene Gurke schälte sie nicht.

»Wir Chinesen sind sehr unhygienisch«, entschuldigte sie sich. »Ihr würdet natürlich keine ungeschälten Gurken essen.«

Was würde sie wohl gedacht haben, wenn sie erfahren hätte, daß nach unsern Begriffen weder das Waschen noch das Schälen die Gurken unschädlich macht? Ich schielte zu meiner Schwester hinüber, die gewöhnlich sehr darauf bedacht war, daß alle rohen Früchte und alles Gemüse überbrüht wurde, ehe man sie aß. Ich war daher erstaunt, als ich sah, wie sie ganz friedlich und unbesorgt ihre Gurke anbiß. Frau Wong und sie führten bereits ein lebhaftes Gespräch. Ich fand meine Gurke sehr erfrischend.

»Wie kannst du nur so inkonsequent sein! Daheim überbrühst du das Gemüse, und dann gehst du aufs Land und ißt ungekochte Gurken?« fragte ich meine Schwester auf dem Heimweg.

»Nun, wir konnten doch unmöglich Frau Wong verletzen und zurückweisen, was sie uns zu essen anbot. In unsern Häusern sollten wir peinlich genau auf Hygiene achten, sind wir aber zu Gast und könnten wir durch unser Benehmen jemanden beleidigen, dann denke ich, daß der Herr uns in solchen Fällen bewahrt.«

Teetassen! Wunderschönes Tschingtetschen-Porzellan, dünn und äußerst fein im Tausendblumenmuster bemalt, oder eine rohe Steinguttasse mit fehlendem Henkel — überall, wo wir in China hinkamen, fanden wir Teetassen. Überall, wohin wir uns wandten, bot man uns als erstes eine Tasse Tee an. Feinschmeckenden Tee, bitteren Tee, kalten Tee, heißen Tee, Tee in einer handbemalten Porzellantasse, Tee in einer Tonschale — wie immer die Tasse beschaffen sein mochte, wir hoben sie an unsere Lippen und tranken daraus. Woran dachten wir jedesmal, ob er gut war oder nicht? An die Freundlichkeit der Person, die sie uns darbot? Oder an die Gefahr, die am Rande jeder Tasse lauerte? Denn Tee, sogar sehr heißer Tee, vermag den Rand der Tasse nicht steril zu machen, und wer weiß, wer die Tasse vor uns berührt hatte und was für eine gefährliche Krankheit er haben mochte? Natürlich hatte man sie vorher einmal abgewaschen oder doch wenigstens ausgespült — aber ...

»Überbrühen denn die Chinesen ihr Geschirr nicht, wenn sie es waschen?« fragt ihr. Nun, tut ihr es? »Nicht immer, doch in unseren Ländern ist das nicht so gefährlich«, entgegnet ihr vielleicht. Das mag sein, aber es ist in jedem Fall schwer, die Gefahr der Ansteckung bei sich zu Hause zuzugeben, wo immer diese auch sein mag. Die Menschen, die unserer Meinung nach in unhygienischen Verhältnissen leben, sind sich so wenig der Gefahr in ihren eigenen Häusern bewußt wie ihr in den euren. Ich dachte oft, daß das gefährlichste Ding, dem wir auf dem Missionsfeld begegneten, eine ganz gewöhnliche Teetasse sei, und daß die Keime, die an ihrem Rand lauerten, gefährlicher seien als Tiger und Banditen. (Laßt mich aber schnell hinzufügen, daß in meinen fünfzehn Jahren Chinaaufenthalt, obwohl ich aus Tausenden von Teetassen an unzähligen Orten trank, ich immer bei guter körperlicher und geistiger Gesundheit blieb und noch heute lebe.)

»Nein, dies würde mir keine Sorge bereiten«, denkt ihr vielleicht mutig, »ich nehme es nicht so genau.«

Ich bedaure, aber das sollte nicht die Schlußfolgerung aus dem eben Gesagten sein. Niemand sollte sich erlauben, unsorgfältig zu sein. Kein Gotteskind sollte sich die Freiheit nehmen, die ihm bekannten Gesundheitsregeln zu mißachten, nur weil es ihm so paßt. Noch viel weniger sollte dies jemand auf dem Missionsfeld tun.

Der Koch kommt mit einem Korb voll Lebensmittel, die er soeben auf dem Markt einkaufte. Die Missionarin entdeckt eine besonders verlockende Pflaume, greift danach und beißt in die Frucht.

»Marie«, ruft eine empörte ältere Missionarin. »Was fällt dir bloß ein? Eine Pflaume zu essen, ohne sie zuerst zu überbrühen? Du könntest dich ja mit Cholera oder Typhus anstecken und daran sterben.«

Ja, auf den meisten Missionsstationen werden die Gesundheitsregeln gewissenhaft befolgt. Es müßte ein besonders starker, junger Missionar sein, der am Leben bliebe, ohne diese Regeln zu beachten.

Vielleicht lebst du bereits einige Jahre auf einer Missionsstation. Du bist verantwortlich für sie, doch ist die Disziplin etwas aufgelockert. Vielleicht gehst du sogar so weit, die Früchte im kalten, abgekochten Wasser zu waschen, anstatt sie zu überbrühen, weil sie so leicht verderben dabei. Dann werden dir junge Arbeiter anvertraut, und du bist plötzlich das Haupt einer Familie geworden. Eines Tages leidet ein Glied deiner Hausgemeinschaft plötzlich an heftigen Magenschmerzen. Ist es Cholera? Das nächste Spital liegt zwei Tagesreisen entfernt. Du bangst um das junge Leben, du umsorgst es, so gut du es mit deinem beschränkten medizinischen Wissen vermagst, während aus deinem Herzen ein fortwährender Schrei zu dem Einen aufsteigt, der allein helfen kann. Wenn du Glück hast, wird dein junger Arbeiter wieder gesund. Von da an werden wieder alle Früchte, die auf deinen Tisch kommen, sorgfältig überbrüht.

Dies ist kein Kapitel über die Gesundheit der Missionare. Es wird nicht geschrieben, um euch in die Regeln der Hygiene einzuweihen. Vielmehr erkundigt es sich nach deinen Auffassungen. Hat der Missionar so sorgfältig wie möglich zu sein (übertrieben sorgfältig, mögen es einige nennen), oder sollte sein Glaube so groß sein, daß er die Anordnungen der Ärzte übergehen kann? Oder gibt es etwa Zeiten, in denen eine bestimmte Auffassung wünschenswert ist, und Zeiten für eine andere?

Der Herr der Ernte hat uns ausgesandt. Ein toter oder kranker Arbeiter nützt Ihm nicht viel. Es ist bestimmt unsere Pflicht, alle vernünftigen Vorsichtsmaßnahmen zu treffen und, wenn möglich, die Gesundheitsregeln, die uns die moderne Wissenschaft vermittelt, anzuwenden. Wir haben kein Recht, die Regeln der Hygiene zu mißachten, nur weil es uns vielleicht so paßt. Doch wenn wir unter Menschen arbeiten, deren Erziehung anders ist als die unsrige, die nichts wissen von moderner

Hygiene und die uns mit Essen und Trinken versorgen, so dürfen wir sicherlich mit Paulus sagen: »Forscht nicht nach, damit ihr das Gewissen nicht beschwert« (1. Kor 10, 27). Wo das Einhalten der Gesundheitsregeln uns an der Ausführung unseres Auftrages hindert, dürfen wir Dem vertrauen, der uns aussandte, daß Er sich unser annimmt.

Mit den Augen anderer sehen

»Darum, wenn Speise meinen Bruder zu Fall bringt, will ich nie mehr Fleisch essen, damit ich meinen Bruder nicht zu Fall bringe.«

1. Korinther 8,13

»Bitte, Lehrerin«, sagte eine Stimme neben mir, »möchtest du nicht gerne dein Gesicht waschen?«

Wir arbeiteten eine Woche auf dem Lande. Zum fünften Mal an diesem Tag stand die Frau des Pfarrers mit einer Schüssel dampfenden Wassers vor mir. Sie besaß die richtige Verbindung von Demut und Stolz in ihrem Wesen. Ich unterdrückte noch eben meinen Wunsch, sagen zu dürfen: »Ich denke jetzt nicht daran, mich zu waschen. Wozu in aller Welt sollte ich mein Gesicht an einem einzigen Tag fünfmal waschen?« Ich murmelte einen Dank und griff erschöpft nach meinem Handtuch. Später kam ich darauf zurück.

»Wascht ihr euer Gesicht immer so häufig?«

»Natürlich«, lautete die Antwort, »alle sauberen Leute tun es, und ich bin in einer sehr sauberen Familie aufgewachsen.«

Wir redeten nicht weiter darüber. Ich wusch mein Gesicht, so oft sie es für gut fand, solange wir miteinander unterwegs waren.

Großmutter Lees Enkelin war eben aus Shanghai zurückgekehrt. Großmutter Lee erschien stolz in der Kirche, begleitet von einem hübsch gekleideten, gut erzogenen Kind. Dieses mochte etwa acht Jahre alt sein. Nach dem Gottesdienst saß ich noch mit einigen Freunden zusammen. Wir plauderten. Eine alte Frau blickte auf das nette Kleidchen des Kindes und schielte dann schnell zur Großmutter Lee hinüber.

25

»Ich vermute, das ist Shanghaimode«, bemerkte sie. Großmutter Lee erriet ihre Gedanken.

»Das dachte ich auch«, sagte sie, »es ist ein schöner Stoff und nett zurechtgemacht — ein bißchen eng geschnitten, aber ich nehme an, die Schneider in Shanghai machen es so. Aber die Ärmel! Das sind eigentlich gar keine Ärmel! Es ist beinahe unanständig. Aber weißt du, sie hat kein Restchen von diesem Stoff mitgebracht, und ich konnte nichts Passendes finden, sonst hätte ich gewiß längere Ärmel drangenäht. Das Kleidchen ist viel zu schön, um es einfach wegzuwerfen. Ich weiß nicht, was ich damit tun soll!«

Ich saß da und hörte mit offenem Munde zu. Das Kind war noch so klein, daß ich mich nicht verwundert hätte, wenn es in kurzen Hosen im Hof herumgetollt wäre, wie es andere Mädchen in diesem Alter tun. (Die Jungen haben noch weniger an!) Die anstößigen Ärmel bedeckten doch die Schultern, was war denn da nicht recht bei diesem kleinen Mädchen?

Ich blickte auf die beiden Frauen und versuchte, ihren Standpunkt zu verstehen. Was ich sah, überraschte mich nicht wenig. In jener Gegend trugen alle älteren Frauen hüftlange, lose Jacken und weite Hosen, wie es die Sitte verlangte. Es war ein warmer Tag, und die eine der beiden Frauen hatte ihre Hosenbeine einfach hochgestülpt. Ihre kurzen Strümpfe waren mit runden Bändern an den Unterschenkeln befestigt. Daß sie ihre nackten Knie zeigte, schien sie nicht weiter zu stören, während sie mit ernstem, besorgtem Gesicht das Gespräch über dieses »unanständige« Kleid fortführte.

Was verstehen wir denn eigentlich unter Anstand? In Indien ist es unter gewissen Gruppen für eine Frau unanständig, das Gesicht zu zeigen, dafür gucken die nackten Füße unter ihrem langen Umhang hervor. Dinge, die wir als anständig ansehen, werden von anderen als unanständig gewertet, und Sachen, die uns unanständig scheinen, werden von andern als absolut in Ordnung empfunden.

Eine junge Missionarin reist ins Inland auf ihre erste Station. »Ich will nicht altmodisch aussehen«, erklärt sie und nimmt alle ihre hübschesten Kleider mit. Erscheint sie dann in den leuchtenden Farben, die man in jenem Hinterland überhaupt nicht kennt und die noch weniger getragen werden, oder in kurzen Ärmeln, wo doch alle andern die Ellbogen bedecken, so wird die ältere Missionarin versuchen, die Neuangekommene auf die Fehler ihrer Garderobe aufmerksam zu machen. Doch jeder gutgemeinte Vorschlag wird entrüstet abgewendet. Sie fängt begeistert die Arbeit unter Kindern an, gebraucht dazu Bilder, um ihren beschränkten Wortschatz zu ergänzen. Eines Tages erscheinen ihre zwei beliebtesten Schülerinnen nicht. Sie fragt ihre Helferin, eine intelligente Schülerin, nach dem Grund des Ausbleibens. Die verlegene und ausweichende Antwort vermag sie nicht zu befriedigen. So behält sie das arme Mädchen zurück und läßt ihr keine Ruhe, bis es die Wahrheit sagt. Eine Stunde später findet die ältere Missionarin ihre junge Kollegin weinend im Zimmer.

»Sie sagte«, schluchzt sie, »sie sagte, ihre Mutter wolle sie nicht mehr kommen lassen, weil ich ... weil ich keine gute Frau sein könne, ich kleidete mich ... wie eine Dirne.«

Was war falsch? Warum mußte diese eifrige junge Missionarin ein solch schmerzliches Erlebnis machen? Einfach darum, weil sie nicht willig war, mit den Augen anderer zu sehen. Ihr eigener Standpunkt war in ihren Augen der richtige. Durch harte Erfahrung lernte sie verstehen, daß andere Leute die Dinge auch anders ansehen können als sie, und daß die Auffassungen einfach verschieden sind. Schließlich lebte die Missionarin in einem fremden Land mit fremden Anschauungen. Wir können nicht erwarten, daß sich die Menschen unseren Sitten anpassen. Es ist der Fremdling im fremden Lande, der nach den Sitten dieses Landes zu leben hat.

Wer eine fremde Sprache erlernen will, muß sein Ohr schärfen, damit er die kleinste Wendung eines Lautes wahrnimmt, weil darin der ganze Unterschied zwischen der eingeborenen und ausländischen Betonung liegt. Damit wir uns anderen Menschen anpassen können, müssen unsere Augen und unser Herz wach sein, um deren Gefühle und Reaktionen wahrzunehmen und zu verstehen. Möge Gott das sehende Auge und hörende Ohr schenken!

»Oh, die sind schrecklich streng in jener Bibelschule!« mag jemand bemerken. »Da gibt es Vorschriften über die Rocklänge und die Art der Haartracht. Daran würde ich mich nicht halten! Ausgerechnet dieses Gesetzliche gibt dem Christentum einen schlechten Namen!«

Das mag sein. Ist aber jemand willig, seinen eigenen Standard aufzugeben und einen andern anzunehmen, auch wenn er die Gründe dafür nicht einsehen kann, zeigt er damit eine Einstellung, die ihm auf dem Missionsfeld sehr zugute kommen wird. Wer sich auf dem Missionsfeld und daheim nur nach seinem eigenen Standpunkt richtet, ohne sich um bestehende Regeln zu kümmern, wird sich sehr schwertun. Wenn wir uns völlig Christus übergeben haben, gehört uns nichts mehr — es gehört alles Ihm.

Nicht einmal fünf Minuten für mich selbst?

»Denn es waren viele, die kamen und gingen, und sie hatten nicht genug Zeit zum Essen.«

Markus 6, 31

»Und als er das Volk sah, jammerte es ihn.«

Matthäus 9, 36

Ich war gerade vom Land zurückgekehrt, wo ich einen Monat gearbeitet hatte. Herr und Frau Springhtly — das jungverheiratete Ehepaar, das die Verantwortung für die Missionsstation trug — und ich ruhten uns bei einer Tasse Tee aus. Ich erzählte ihnen von der Arbeit auf dem Lande und beantwortete ihre Fragen. Was ich erlebt hatte, interessierte sie. Zuletzt unterhielten wir uns über andere Dinge, und Frau Sprightly berichtete uns von einer lustigen Begebenheit, die sie auf einem Hof unten auf der Straße beobachtet hatte, als sie mit ihrem kleinen Jungen unterwegs war.

»Ich nehme Sonny immer gerne mit, wenn ich ausgehe«, bemerkte sie, »ist er bei mir, so kann ich meine Nase überall hineinstecken, wie es mir gefällt. Ich brauche nur zu sagen: ›Mein kleiner Junge möchte gerne dieses oder jenes sehen‹, dann läßt man mich in den Hof hineingehen, und kein Mensch denkt etwas dabei.«

Neugier ist ein allgemeiner Charakterzug, besonders der Ungebildeten und Unverdorbenen. Die Missionare empfinden die Menschen, zu denen sie gehen, oft als unerhört neugierig. Und in vielen von uns sträubt sich etwas gegen das Preisgeben unseres innersten Eigenlebens an die Öffentlichkeit. Aber andere

Menschen, die aufwuchsen, ohne den Wert eines Privatlebens je kennengelernt zu haben, werden nie verstehen, warum der Missionar von Zeit zu Zeit allein sein möchte.

Die junge Missionarin hört aus irgendeiner Richtung von der Straße herauf Töne chinesischer Musik. In ihren Ohren klingt sie unheimlich und primitiv. Die spielenden Kinder aber erkennen sofort deren Melodie und rufen wie aus einem Munde: »Die neue Schwiegertochter kommt! Die neue Schwiegertochter kommt!«

Ein freundlicher kleiner Knirps streckt seinen Kopf durch die Tür in das Zimmer der Missionarin. »Möchtest du nicht kommen und die neue Schwiegertochter sehen?« fragt er höflich.

»Aber, was denkst du auch!« entgegnete die Missionarin. »In welches Haus kommt denn die neue Schwiegertochter? Ist es eine Familie, die wir kennen?«

»Oh, das spielt doch gar keine Rolle!« versichert der Kleine. »Jeder geht doch und besieht sich die neue Schwiegertochter!«

Die Missionarin läßt sich nur zögernd an der Hand auf die Straße führen, findet dort aber alles so, wie der Kleine es gesagt hat: Scharen von Kindern und älteren Leuten kommen durch den offenen Torweg hereingeschwärmt, durch den soeben die reichverzierte Sänfte hereingetragen wird. Obwohl ziemlich geräumig, ist der Hof mit schwatzenden, gestikulierenden Menschen angefüllt, die sich gegenseitig drängen, einen besseren Platz zu erlangen. Alle wollen die Braut sehen, wenn sie die Sänfte verläßt. Der Bräutigam und dessen Eltern heißen die geladenen Gäste herzlich willkommen und das Gedränge stört sie nicht im geringsten. Unter dem lauten Knallen der Raketen wird die Sänfte auf den Boden gestellt; das zuvor bestimmte Begrüßungskomitee, bestehend aus mehreren jungen Mädchen und einer älteren Frau, zieht den Vorhang der Sänfte zurück und hilft der Braut zu ihrem Platz im Hof. Nun kann die Feier beginnen. Ist sie vorbei, dann wird die Braut unter viel formellem Getue ins Haus und in ihr Schlafgemach begleitet, wo man sie auf ein mit einer roten Satinsteppdecke bedecktes Bett setzt. Nun drängen sich alle geladenen und ungeladenen Gäste in das Zimmer hinein. Lachend mustern sie die Braut und ihre Kleider auf das genaueste und tauschen ihre Ansicht darüber aus. Sobald eine Gruppe sich zurückzieht, tritt eine nächste herein und will sich die neue Schwiegertochter ansehen.

»Das arme Mädchen!« denkt die Missionarin. »Sie sieht zum Umfallen müde aus. Wann werden die Leute sie endlich allein lassen?«

Bis spät in die Nacht hinein dauert die Besichtigung — und schon früh am folgenden Morgen beginnt sie von neuem. Warum? Nun, ohne den drei Tage dauernden Besucherstrom wäre doch diese Hochzeit öde und leer!

Es war ein ausgefüllter Tag gewesen. Der erste Besucher erschien bereits vor dem Frühstück und war der Vorläufer eines nicht endenwollenden Stromes. Darunter befand sich eine Anzahl ungeschulter Landfrauen, deren Neugierde unbedingt befriedigt werden mußte. So wanderten sie denn auch durch alle Räume unseres Missionshauses und betrachteten aufmerksam jeden einzelnen Gegenstand, auf den ihre Blicke fielen. Es waren auch andere dabei, gebildete Leute, höflich und freundlich. Doch wann immer wir versuchten, ihnen von Christus und seinem Anspruch an uns zu sagen, lenkten sie das Gespräch auf andere Bahnen. Dann meldeten sich auch Christen mit ihren Schwierigkeiten oder mit Plänen zur Ausbreitung der Gemeindearbeit. Es waren auch solche dabei, die uns baten, einen Tag festzusetzen, an dem wir mit ihnen ihre unerretteten Freunde und Verwandten besuchen könnten.

Endlich, am späteren Nachmittag, nachdem die letzte Besuchergruppe uns verlassen hatte, kehrten wir zum erstenmal an diesem Tag in ein leeres Zimmer zurück.

»Komm schnell!« sagte ich zu meiner Schwester, »laß uns ein Weilchen spazierengehen, ehe neue Besucher kommen!« Mir war, als könne ich keinen weiteren Menschen ertragen, und ich sehnte mich einfach danach, endlich allein zu sein. Schnell schlüpften wir durch die hintere Türe ins Freie, um den Teich herum, die hintere Straße hinaus durch das Stadttor.

»Welchen Weg möchtest du gehen?« fragte die Schwester.

»Oh, irgendwohin aufs Land«, antwortete ich, »wo es keine Leute gibt!«

Meine Schwester verlangsamte ihren Schritt und blickte mich verwundert an. »Wo es keine Leute gibt?« wiederholte sie. »Wo es keine Leute gibt? Wo in China, denkst du, gibt es denn keine Leute?«

Ich stand jetzt still und blickte umher. Die Ebene war mit Dörfern besät und von vielen Pfaden durchkreuzt. Die Bauern pflügten ihre kleinen Felder. Kulis kehrten zu zweit oder in kleineren Gruppen aus der Stadt in ihre Häuser zurück und zerstreuten sich in alle Richtungen auf den kleinen Fußwegen. Leute, überall Leute, sogar auf dem Lande! Dies waren die Menschen, um deretwillen ich nach China kam, sie zu suchen, und doch sehnte ich mich danach, einige Stunden niemanden zu sehen. Könnte ich mich nur in einer waldigen Schlucht oder in einem Hügelgestrüpp verstecken, damit mich niemand entdeckte! Doch hier gab es keine Berge. Das Land war topfeben. Im Geiste suchte ich in der mir so wohlbekannten Gegend nach einem Zufluchtsort. Gutes, fruchtbares Land, in winzige Felder eingeteilt, gut gepflegte Getreideäcker ohne das kleinste Unkraut, hier und da eine Baumgruppe — bestimmt wären wir unter jenen Bäumen außer Sicht! Aber nein! Es gab da kein Unterholz, kein Gras, nicht einmal ein gefallenes Blatt. Alles war gesammelt, sorgfältig getrocknet und auf den Brennholzhaufen gelegt worden. Sollte sich in der Nacht ein starker Wind erheben, dann würde gewiß der Baumbesitzer aufstehen und sich auf das Feld begeben, um die kostbaren Blätter zusammenzufegen; nur so kam er in deren Besitz, ehe sie ein skrupelloser Nachbar vor Tagesanbruch stehlen konnte! Alle unteren Zweige waren längst weggeschnitten und zum Brennen verwendet worden. Keine Baumgruppe konnte mich vor den Blicken der Leute verbergen, und einen besseren Platz gab es nirgends.

Die ganze Macht einer unangenehmen Tatsache stürzte sich auf mich, einer Tatsache, die ich früher nie richtig bedacht hatte. Es gab hier nun einmal keinen Ort, wo ich ganz allein sein konnte. Das beste, was ich tun könnte, wäre, auf die Missionsstation, ins Haus hinein, in mein Zimmer hinaufzugehen und die Türe zuzuschließen. Sogar dann konnte ich nicht wissen, ob nicht bald wieder jemand nach mir rufen würde.

Dann kam mir wie ein Lichtstrahl eine Geschichte in den Sinn, die ich vor langer Zeit gelesen hatte: Eine Freundin besuchte eines Tages eine vielbeschäftigte Mutter. Die Familie war zahlreich und arm; sie lebte in einem einzigen Raum. Es schien der Besucherin, als wäre das Zimmer vollgepackt mit Kindern. Die Mutter empfing sie mit einem strahlenden Lächeln.

»Wie kannst du so glücklich sein, wenn du kaum je eine Minute allein bist?« fragte die Besucherin. »Wie kannst du die Ruhe zum Gebet finden?«

»Früher störte es mich«, lautete die rasche Antwort, »bis ich das Geheimnis erkannte. Wenn es mir zu viel wird, dann werfe ich einfach meine Schürze über den Kopf und bin so ganz allein mit meinem Herrn!«

»Lieber Herr, vergib mir!« dachte ich. Wie benahm sich jene arme Mutter? Und wie erging es Jesus? Er sehnte sich nach Stille genau wie wir. Er fuhr mit seinen Jüngern über den See und begab sich an einen verlassenen Ort, um dort allein zu sein. Die Menge erfuhr, wohin Er gehen wollte; sie folgte Ihm auf dem Lande nach. Als Er das Boot verließ, warteten Tausende und Abertausende auf Ihn. Wie reagierte Er? Gab's in Seinem Herzen Zorn oder Verstimmung, weil Er nie allein sein durfte? Denn es heißt … »Er ließ sie zu sich …« (Lk 9,11). »Lieber Herr, gib auch mir ein Herz voll Liebe für die Menge!«

Zurückgezogenheit und Stille sind zweifellos gut — wenn man nicht übertreibt. Die meisten Missionare haben zwar nie so viel davon, wie sie sich wünschen. Es gibt wohl kaum Missionare, die es zu bestimmten Zeiten nicht schmerzlich empfunden hätten, wenn ihre Häuser und ihre Person zum Gegenstand des Vergnügens, ja Entzückens oder zur geringschätzigen Prüfung der Neugierigen gemacht wurden. »Können sie denn nicht so viel Takt aufbringen, sich von dem fernzuhalten, was mich ganz persönlich angeht?« denkt der Missionar. Wenn wir als Kinder des Lichts jedoch zum Tag gehören, warum sollte dann unser Tun oder das, was uns gehört, im Dunkeln verborgen bleiben? Das heißt nun wieder nicht, daß ein »unnötiges Zur-Schau-Tragen« von Dingen empfohlen wird, die normale Leute lieber verborgen halten. Laßt uns daran denken, daß die Menschen uns zuerst kennen müssen, ehe sie unsere Botschaft annehmen oder bevor unser Zeugnis für sie einen Wert bekommt. Warum sollte ich etwas verborgen halten wollen, das mich betrifft, wenn doch das Teilen mit andern jemanden zu Jesus ziehen kann?

»Denn ihr wart früher Finsternis, nun aber seid ihr Licht in dem Herrn.«

Epheser 5, 8

Und wenn alles ganz anders kommt?

»Und nun ihr, die ihr sagt: Heute oder morgen wollen wir in die oder die Stadt gehen und wollen ein Jahr dort zubringen und Handel treiben und Gewinn machen –, und wißt nicht, was morgen sein wird. Was ist euer Leben? Ein Rauch seid ihr, der eine kleine Zeit bleibt und dann verschwindet. Dagegen sollt ihr sagen: Wenn der Herr will, werden wir leben und dies oder das tun.«

Jakobus 4, 13-15

»Frau Ning und ich gehen Großmutter Woo, die krank war, besuchen. Willst du nicht auch mitkommen?«

Ich saß an meinem Schreibtisch. Da lag alles, was zum Studium der chinesischen Sprache notwendig ist. Ich blickte darauf, schaute zur Uhr, sah meine Schwester an und fragte dann: »Wann wirst du wieder zurück sein?«

»Oh, wir bleiben nicht lange weg. Frau Ning kann zwar auf ihren kleinen Füßen nur langsam gehen, doch wohnt Großmutter Woo nur eine Meile weit weg von hier, und wir brauchen dort ja nicht zu lange bleiben. Man weiß ja nie, wir sollten aber zum Mittagessen zurück sein.«

Nun, dachte ich, ich sollte wohl mitgehen. Doch hätte ich gerne dieses Kapitel fertig übersetzt, und dazu brauche ich noch gut drei Stunden. Und ich habe mir vorgenommen, die Arbeit heute morgen zu beenden. Am Nachmittag sollte ich noch Briefe schreiben. Jedoch – ...

Leider wußte ich von zwei Dingen, die meinen inneren Frieden störten: Einmal, daß meine Schwester dachte, ich sollte mitgehen, und zum andern, daß sie recht hatte.

»Gut«, sagte ich endlich, »ich komme mit, laß uns aber nicht zu lange bleiben.« Wir griffen nach unseren Sonnenhüten, gesellten uns zu Frau Ning und machten uns auf den Weg. Ihre Füße waren kaum zehn Zentimeter lang, und sie machte winzig kleine Schrittchen. Ich versuchte, so langsam wie irgend möglich zu gehen, doch war ich den andern stets voraus. Meine Schwester war von jeher sehr schnell im Erledigen von Dingen, aber hier wanderte sie zu meinem Erstaunen neben Frau Ning her, als ob sie auf der weiten Welt nichts anderes zu tun hätte, als aufmerksam der Geschichte zu lauschen, die Frau Ning über den Vetter ihrer dritten Tante erzählte, und hin und wieder eine verständnisvolle Bemerkung oder eine Frage einzuwerfen.

Ich konnte mich gar nicht für diese Geschichte interessieren, obgleich Frau Ning ausführlich berichtete, wie sehr sie sich gemüht habe, diesen Vetter der dritten Tante dazu zu bringen, seine Schwierigkeiten vor Jesus auszubreiten. Ich verstand auch nicht alles und gewann keinen klaren Einblick in all die Wenn und Aber der Nöte des armen Vetters. Schließlich gab ich es auf. Es war ein herrlicher Tag. Der Himmel war tiefblau, die hohen, grünlich-gelben Ähren der Getreidefelder bewegten sich leise im Wind. Wir zweigten von der Straße ab und folgten einem schmalen Pfad, der durch die Weizenfelder führte. Meine Schwester ließ unbewußt die vollen Ähren durch die Finger gleiten, eine nach der andern. Schon immer hatten wir beide Getreidefelder geliebt, doch heute hatte ich keine Lust, über die Ähren zu streichen. Ich wollte nur so schnell wie möglich vorankommen.

Endlich erreichten wir das Dorf und fanden den Weg zu Frau Woos Zuhause. Wie gewöhnlich folgte uns eine Menge schmutziger, neugieriger Kinder ins Haus hinein. Wir saßen auf schmalen Bänken und schlürften Tee, den man zwar nur aus Anstand Tee nannte; denn es schwammen keine Teeblätter darin. Als Ersatz wurden bloß einige Süßkartoffelschalen ins

Wasser geworfen, ehe es auf das Feuer gesetzt wurde. Großmutter Woo fühlte sich wieder soweit wohl, daß sie aufsein und herumgehen konnte.

»Ich bin so froh, daß ihr gekommen seid! Ich habe meinen Nachbarn alles über den Herrn Jesus erzählt und wie sie an ihn glauben sollten. Doch kann ich es bestimmt nicht recht machen. Nun, da ihr gekommen seid, könnt ihr es ihnen sagen!«

»Hier, ihr Kindlein«, redete sie einige der Kinder an, die mit uns ins Haus hereingestürmt waren, »ihr rennt jetzt heim und holt eure Großmütter. Und du, Mädchen, deine zweite Großtante sagte, sie wolle glauben. Renne zu ihr und sage ihr, die Lehrerinnen seien gekommen. Ihr alle, eilt, holt eure Mütter und Großmütter. Sagt ihnen, sie sollen kommen und der Lehre zuhören.«

Es brauchte ziemlich viel Überredungskunst, bis die Kinder endlich gingen. Vielleicht waren ihre Mütter und Großmütter mit irgend etwas beschäftigt, denn wir warteten eine lange Weile umsonst auf sie. Endlich kamen drei oder vier Frauen, die eine mit einer angefangenen Stoffschuhsohle, die sie gerade zu überziehen begonnen hatte, die andere mit einem Kleinkind. Nach langem Hin und Her setzten sie sich zu uns, und man reichte ihnen ebenfalls eine Tasse Tee. Nun nahm meine Schwester aus ihrer Tasche ein Plakat, das sie immer mit sich trug, und erklärte den Frauen in einfachen Worten das Evangelium. Mit großer Anstrengung gelang es mir, mich auf die Botschaft zu konzentrieren, und ich verstand beinahe alles. Innerlich gratulierte ich mir. Endlich war es mir doch gelungen, meine Gedanken von den Dingen loszureißen, die alle an diesem Tage noch erledigt werden sollten.

Die Predigt war zu Ende. Die Frauen erhoben sich und wollten sich verabschieden. Sie versprachen uns, ganz bestimmt am nächsten Sonntag mit Großmutter Woo zum Gottesdienst zu kommen. Auch wir erhoben uns und begannen Abschied zu nehmen.

»Was? Heimkehren!« rief Frau Woo. »Wer wollte daran denken! Natürlich bleibt ihr zum Essen bei mir! Es ist schon fast fertig!« (Wir wußten gut genug, daß sie selbst und ihre Schwiegertochter die einzigen Frauen in der Familie waren und daß keine der beiden den Raum verlassen hatte, seitdem der Tee herumgereicht wurde.)

Meine Schwester und Frau Ning wehrten ab, und auch mir gelang es, einige höfliche Worte zu sagen. Doch meine Gedanken waren nicht sehr freundlich. Zum Mittagessen bleiben! Welch ein Gedanke! Das würde doch heißen, daß wir erst im Laufe des späteren Nachmittags heimkehrten! Zudem würde uns wahrscheinlich etwas angeboten werden, das ich nur mit äußerster Anstrengung hinunterbrächte! Ach, vielleicht nötigte sie uns nur zum Bleiben, um recht höflich zu sein. Vielleicht meinte sie gar nicht, was sie sagte!

Mit großer Mühe bahnten wir uns einen Weg zur Tür. Frau Woo und ihre Schwiegertochter hängten sich an uns, bis wir uns kaum mehr bewegen konnten. Dabei erhoben sie lauten Einspruch, es falle ihnen nicht ein, uns gehen zu lassen. Mein Blut fing an zu kochen. »Ich nehme an, wir haben das Recht, heimzukehren, wann es uns paßt«, dachte ich. Die versuchten wohl gar, uns zum Bleiben zu zwingen? Nun, ich würde auf keinen Fall bleiben. Nein, das war einfach zuviel!

Wir hatten die offene Tür erreicht und bemerkten, wie eine alte Frau eilig durch den Hof auf das Haus zugehumpelt kam.

»Oh, die zweite Großtante des Mädchens!« rief Großmutter Woo. »Endlich kommst du! Warum kamst du nicht früher?«

»Nun, ich hatte Besuch, und ich konnte nicht einfach weglaufen. Endlich kam meine Schwiegertochter zurück, und ich eilte, so schnell ich konnte, hierher. Ich fürchtete, die Lehrerinnen hätten das Haus bereits verlassen. Aber jetzt werden sie doch nicht fortgehen?«

»Natürlich nicht. Du glaubst doch nicht, ich lasse sie unter mein Dach kommen und behalte sie nicht einmal zu einer

Mahlzeit? Es wird ja nicht sein, wie sie es gewohnt sind, natürlich nicht, doch ist ein Essen ein Essen! Jetzt setzt euch einfach hin, Lehrerinnen, bitte, auch Sie, Frau Ning. Die zweite Großtante wollte schon seit einiger Zeit glauben, doch behandelt ihr Sohn sie ganz gemein und will ihr nicht erlauben, in die Kirche zu kommen. Denkt ihr, sie könne auch daheim glauben?«

Ich traute meinen Augen nicht mehr. Meine Schwester und Frau Ning setzten sich gehorsam hin und begannen eindringlich mit der alten Frau zu reden, die eben gekommen war. Was? Wollten sie nun tatsächlich zum Mittagessen bleiben? Und dies, ohne ein Wort mit mir darüber zu reden? Taten sie nicht, als ob es ganz gleichgültig sei, was ich darüber dachte? Sie natürlich, sie konnten mit dieser alten Frau über den Herrn reden, ich aber mußte einfach still daneben sitzen! Natürlich erwartete man von mir, daß ich aufmerksam zuhörte, aber wer könnte einen ganzen Tag lang diesem komischen Dialekt zuhören? Und was sollte nun mit all den Arbeiten geschehen, die ich doch heute verrichten wollte?

Das Essen entsprach meinen Erwartungen, es war nicht besser, als ich vermutet hatte. Es war noch schlimmer. Nach langem Zureden blieb die alte Großtante des Mädchens ebenfalls zum Essen. Und dann plauderten sie alle ohne Aufhören. Man versuchte, ihr ein kurzes Gebet beizubringen, aber es war schwierig. Immer und immer noch einmal probierten sie es mit ihr, und noch immer konnte sie es nicht allein hersagen.

Endlich, als ich bereits alle Hoffnung aufgegeben hatte — ich hatte den ganzen Nachmittag stillschweigend dagesessen —, erhoben wir uns zum Abschiednehmen und begaben uns auf den Heimweg. Die Sonne ging eben unter, als wir zum vorderen Tor unseres Hauses eintraten. Ich war müde, ohne zu wissen, warum, hatte ich doch den ganzen Tag nichts getan, und hungrig, denn ich hatte kaum etwas essen können von den angebotenen Speisen, obgleich man mich gedrängt hatte — und ich war verärgert. Und das Schlimmste von allem: es schien

39

meine Schwester nicht im geringsten zu kümmern. Sie nahm alles als ganz selbstverständlich hin. Müßte ich jetzt immer wieder solche Tagesverläufe erleben? War ich deswegen nach China gekommen? Ich begann langsam zu begreifen, daß dies nicht ein einmaliges Erlebnis bleiben, sondern daß es sich jeden Tag wiederholen würde. Irgendwo mußte etwas verkehrt sein. Was mochte es sein?

Plötzlich verstand ich. Es war so, weil ich den ganzen Tag fertig geplant hatte und meine Pläne nicht durchkreuzt haben wollte. Weil aber etwas dazwischenkam, trotzte ich den ganzen Tag. Über alles hätte ich mich freuen können, dabei hatte ich gar nichts genossen. Ich hatte mich selbst unglücklich gemacht, nur weil jemand anders über meine Zeit verfügt hatte.

»Herr, ich möchte das nicht noch einmal durchkosten«, betete ich. »Ich weiß, daß Du es warst, der über meinen Tag verfügte, als ich etwas anderes damit machen wollte. Schenke mir einen offenen Sinn, damit, wann immer ich Landbesuche mache, wann immer ich einen neuen Tag beginne, ich annehmen kann, was auch kommen mag, und mich darüber freue.«

Nach jenem Tag, wann immer ich aufs Land zog, nahm ich nie mehr irgendwelche vorgefaßten Entschlüsse über die Zeit meiner Rückkehr mit. Ob ich zum Mittagessen ausblieb, beim Sonnenuntergang zurückkehrte oder auswärts übernachtete, was machte das schon? Meine Zeit gehörte dem Herrn, und Er sollte darüber verfügen können. Ich entdeckte, daß ich mit dieser Einstellung überallhin gehen, jede gegebene Möglichkeit ausnützen, mehr oder weniger lang bleiben konnte, als ich erwartet hatte, und doch jeden Augenblick genoß, weil Gott ihn geplant und ihn auf die bestmögliche Art durchdacht hatte.

Mein Recht auf Liebe!

Ich lebte vorübergehend als Kandidatin im C. I. M. Missionsheim in Vancouver. In zwei Wochen sollte ich nach China ausreisen, wo bereits drei meiner Schwestern als Missionarinnen arbeiteten. Eine von ihnen lebte schon sechs Jahre draußen, hatte sich auf dem Feld verheiratet und stand nun vor ihrem ersten Urlaub. Die andern beiden Schwestern arbeiteten noch nicht lange in China. Sie waren beide ledig und wohnten auf derselben Station. Ich hatte soeben einen Brief von ihnen erhalten, den sie in einem kleinen Erholungsort in den Bergen geschrieben hatten. Dort verbrachten sie mit anderen Missionaren ihre Ferien, um der schlimmsten Hitze im Tal zu entfliehen. Nun, für Missionare bietet ein solcher Erholungsort auch einmal die Gelegenheit zu einer ungesuchten Liebesbeziehung. Der Brief enthielt eine bunte Beschreibung ihres Lebens dort und schloß mit folgenden Worten:

»Wir sind jetzt dreiunddreißig Missionare hier oben, sieben Ehepaare mit neun Kindern, neun alleinstehende Missionarinnen und ein einziger alleinstehender Mann! Es soll noch ein zweiter kommen, haben wir vernommen, aber auch so, fürchten wir, besteht für uns wenig Hoffnung!!«

Die Glocke läutete zum Mittagessen, und ich eilte in den Saal hinunter. Doch wer war das ältere Ehepaar in den altmodischen Kleidern? Vielleicht hatte man mir gesagt, es würden Gäste erwartet, ich wußte es auf alle Fälle nicht mehr. Sie wurden uns allen der Reihe nach als Missionare, die soeben aus China angekommen seien, vorgestellt. Wir setzten uns, und ich fand mich neben der unbekannten Missionarin.

»Wie, sagten Sie, ist Ihr Name?« fragte sie mich und entschuldigte sich. »Ich habe solche Mühe, die Namen zu behalten!«

Ich sagte es ihr, und sie wurde aufmerksam. »Haben Sie nicht eine Schwester in China?«

»Ja, ich habe dort drei Schwestern!« antwortete ich.

»Nun, ist das nicht ein Zufall? Als ich in Shanghai war, hörte ich ... — nein, Sie können es noch nicht vernommen haben, denn die Neuigkeit war eben erst durchgesickert! Ich bin sicher, es muß Ihre Schwester gewesen sein! Auf alle Fälle, gerade ehe wir Shanghai verließen, war ein großes Gerede über eine neue Verlobung, und ich bin beinahe sicher — mein Lieber«, hiermit wandte sie sich ihrem Gatten zu, »wer war es, von dessen Verlobung wir hörten, kurz bevor wir Shanghai verließen?«

Ihr Gatte erinnerte sich an nichts. »Nun, ich bin fast sicher, daß es Ihre Schwester war!«

»Meine Schwester? Das kann nicht sein!« erwiderte ich etwas verdutzt und dachte an den Brief, den ich am selben Morgen erhalten hatte. »Welche Schwester sollte es sein? Wie heißt sie?«

Leider konnte sie sich nicht daran erinnern; auch wußte sie nichts von zwei Williamson-Schwestern in China. Und was den Namen des jungen Mannes betraf — auch darüber konnte sie nichts aussagen. Die ganze Geschichte schien mir äußerst unsicher zu sein und auch ganz unmöglich, darum schlug ich mir die Sache aus dem Gedächtnis.

Eine Woche später erhielt ich einen andern Brief von meinen Schwestern. Zu meinem Erstaunen las ich, daß die jüngere der beiden sich mit dem jungen Mann verlobt habe, der einen Tag nach Absendung des früheren Briefes in dem Erholungsheim in den Bergen angekommen sei!

Nachdem ich mich teilweise von meinem Schock erholt hatte, dachte ich an alles zurück, was ich über die Bekanntschaft meiner verheirateten Schwester in China vernommen hatte. Der Mann, ihr späterer Gatte, war tausend Meilen von ihr entfernt stationiert gewesen. Sie hatten sich kaum gekannt, als sie sich vor sechs oder sieben Jahren zur gleichen Zeit im Bibel-Institut in Amerika zur Ausbildung befanden. Plötzlich begann er ihr zu schreiben und bat sie nach zwei oder drei Briefen um ihre Hand. Als sie nach Shanghai zur Hochzeit fuhr, kannte sie ihn eigentlich nur aus seinen Briefen.

Die andere Schwester, die damals mit ihr reiste, erzählte mir später, daß sie beinahe eine Herzschwäche hatte, als sie im Bahnhof von Shanghai ankamen, um den Bräutigam abzuholen und dieser anstatt an diesem Tage erst am nächsten eintraf. Nachdem sie sich an jenem Abend zur Ruhe niedergelegt hätten, habe sie nicht einschlafen können, weil sie immer habe denken müssen: »Was soll nur geschehen, wenn sie ihn nicht heiraten will, nachdem sie ihn gesehen hat? Ich bin sicher, *ich* möchte ihn nicht heiraten!«

Die folgenden Tage beruhigten sie vollkommen, denn es war gleich zu sehen, daß die versprochene Braut ihn wirklich heiraten wollte — und so wendete sich alles zum Guten.

»Was seid ihr doch eine seltsame Familie?« sagst du. »Deine Schwestern stürzen sich so übereilt in die Ehe hinein!«

Nein, gar nicht. Solche Bekanntschaften sind unter Missionaren ziemlich verbreitet. Der Grund dafür ist offensichtlich. Auf dem Missionsfeld sind die Gelegenheiten selten, mit gleichgesinnten Menschen des andern Geschlechts bekannt zu werden. Vorausgesetzt, der Missionar ist nicht bereit, seine Berufung einer Heirat wegen aufzugeben, so wird seine Wahl eben auf Missionarinnen beschränkt bleiben. Und Missionarinnen, die im Dienst stehen, leben meistens weit entfernt voneinander. Die meisten unserer Missionsstationen bestehen nur aus einem einzigen Haushalt, der sich aus zwei, drei oder vier Missionaren zusammensetzt. Selbstverständlich gehören nicht Leute verschiedenen Geschlechts zu einer solchen Gruppe, weil eine solche Zusammenstellung der Arbeiter als höchst unziemlich empfunden würde. Gewöhnlich sendet man Missionarinnen auf eine Station und einen jungen Mann oder mehrere Männer, wenn es deren viele gibt, auf eine andere. Missionsreisen, ausgenommen zu einem Erholungsaufenthalt, blieben früher meistens auf den eigenen Bezirk beschränkt, und ein Zusammenarbeiten außerhalb dieses Bezirks ergab sich selten.

Ein anderer Faktor, der beachtet werden muß, ist die Einschränkung, welche die örtlichen Sitten dem Zusammentreffen von Missionaren und Missionarinnen in heidnischen Ländern auferlegen. Die meisten Missionare leben in engem Kontakt mit den Einheimischen, und das ist gut so. Der Missionar, der sich den Leuten entzieht, wird nicht viele Bekehrungen unter diesen erleben. Einheimische, Christen und Heiden, werden ermuntert, soviel als möglich ins Haus des Missionars zu kommen, und viel wird von diesen stillen Begegnungen abhängen. Die Missionare kommen zu ihnen als Fremdlinge. Sie bringen eine neue Lebensart mit. Ist es denn verwunderlich, wenn alles, was sie tun, aufmerksam beäugt wird? Manchmal kritisieren die Beobachter, oft aber wollen sie auch etwas lernen und nachahmen. Wenn den Beobachtern das, was sie sehen, gefällt, werden sie dem Missionar und dem gegenüber, was er redet, aufgeschlossener sein.

Sehen sie aber Dinge, die sie verletzen, so können sie leicht stolpern und sich abwenden. Deshalb dürfen die örtlichen Anschauungen nicht mißachtet werden. In vielen heidnischen Ländern würden gewöhnliche Freundschaften zwischen zwei Personen verschiedenen Geschlechts nicht nur kaum gebilligt, sondern mißtrauisch verfolgt werden.

Missionsregeln, die solche Punkte betreffen, sind gewöhnlich streng, wie folgender Ausschnitt aus den Grundsätzen der China-Inland-Mission zeigt:

Es ist wichtig, daß der Missionar unter östlichen Menschen eine würdige und höfliche Lebensweise beibehält, die vor allem christlich und nicht nur westlich ist. Er muß daran erinnert werden, daß ein flüchtiges Unbeachtetlassen von örtlichen Grundsätzen die Einheimischen, deren gute Meinung wertvoll ist, verletzen kann, und es mag daraus ein gefährliches Hindernis für den Fortgang des Evangeliums entstehen. Große Sorgfalt sollte vor allem von Missionarinnen, die Brüder der Mission beherbergen, geübt werden, damit keine ihrer Handlungen zu Mißverständnissen führen, die das Werk verletzen. Verlobte sollten ebenfalls äußerst vorsichtig sein in ihrem Benehmen und daran denken, daß sie einen Standard des Benehmens für junge Gläubige setzen, die nicht länger an alten Gebräuchen hängen und für die sie vielleicht Vorbildfunktionen haben ...

Verlobte werden nicht zum Arbeiten auf dieselbe Station geschickt.

Darum werden junge Missionarinnen durch die Begrenzung, die ein enger Bekanntenkreis zieht, und die Bestimmung, die beachtet werden muß, um den einheimischen Gebräuchen gerecht zu werden, oft das Gefühl haben, die Gelegenheit zu einer normalen, romantischen Liebesbeziehung sei ihnen weggeschnappt worden. Kein Wunder, wenn der Sommeraufenthalt und die Post, die beiden Möglichkeiten zu einer Bekanntschaft, fleißig benützt werden, und daß oft Verlobungen geschlossen werden nach einem, wie es uns daheim erscheint, allzu kurzen Sich-Kennenlernen. Wenn *du* wüßtest, daß du nur wenige Wochen hättest, um deinen Partner kennenzulernen, und wie ihr beide nach jenen kurzen Wochen wieder auf getrennte Stationen zurückkehren müßtet, ohne die Möglichkeit vor sich zu haben, sich gegenseitig auch nur einmal während des kommenden Jahres zu sehen, vielleicht würdest du den Lauf der Dinge ebenfalls beschleunigen!

Wäre die Wahl eines Lebenspartners eine Angelegenheit, die man nach seinem eigenen Gutdünken entscheiden könnte, müßte dies auf dem Missionsfeld zu mancher Tragödie führen.

Dem Herrn sei gedankt, es ist nicht so. Schließlich wollen wir Gott für uns wählen lassen. Ihm darf man darin vertrauen. Natürlich sollte jeder junge Missionar diese Angelegenheit zu einem glaubensstarken Gebet machen. Wenn Gott zwei Menschen füreinander bestimmt hat, dann wird Er auch dafür sorgen, daß sie sich treffen, und Er wird Seine Absicht über Sein Leiten in ihre Herzen legen, so daß sie nicht zu zögern oder sich zu fürchten brauchen. Hängen wir unser Herz an etwas, ohne nach Seinem Willen zu fragen, werden wir Unglück auf uns ziehen. Überlassen wir jedoch die Sache Ihm, daß Er Seinen vollkommenen Willen ausführen wird, so können wir getrost weitergehen in dem Wissen, daß die Vereinigung sein wird wie der Pfad des Gerechten, der »mehr und mehr leuchtet, bis auf den vollkommenen Tag«. Sollte jemand dies bezweifeln, so sehe er sich ein Missionsehepaar an. Trotz Schwierigkeiten und Gefahren ist der Prozentsatz von glücklich verheirateten Paaren unter Missionaren höher als sonstwo.

In jeder jungen, denkenden Person muß ein anderes Problem aufsteigen, das noch nicht besprochen wurde. Wenn doppelt so viele ledige Frauen als Männer auf dem Missionsfeld leben (und so ist es), werden einige dieser Frauen entweder Männer heiraten, die nicht Missionare sind und somit das Feld verlassen, oder ledig bleiben. Der Mangel an Männern auf dem Missionsfeld wird oft gerügt, und es stimmt, daß in vielen Fällen die Arbeit besser mit Männern getan werden könnte, wenn sie nur vorhanden wären. Ich werde immer daran denken, wie einmal eine meiner Schwestern sagte: »Ehe ich auf das Missionsfeld hinauskam, dachte ich, daß der Grund, warum mehr Frauen als Männer auf dem Feld stünden, der sei, daß die Frauen sich der Sache des Herrn völliger hingeben. Doch nachdem ich einige Zeit draußen weilte, änderte ich meine Ansicht. Nun glaube ich, daß Gott mehr Frauen ruft, weil eben mehr Frauen benötigt werden.«

Das Heer unverheirateter Frauen steht auf dem Missionsfeld,

weil es dort eine Arbeit zu tun gibt, die sonst niemand tun könnte. Die meisten Männer brauchen eine Frau, und die Tatsache, daß ein Mann verheiratet ist und Kinder hat, bedeutet in den meisten Belangen der Missionsarbeit eine Hilfe und kein Hindernis. Ein Missionar kann seine Familie für Wochen oder Monate verlassen, und selbst wenn er verheiratet ist, kann er sich trotzdem auf ausgedehnte Reisen begeben, die oft nötig sind. Doch eine verheiratete Missionarin, sobald sie Mutter wird, ist an ihre Kinder und ihr Heim gebunden. Sie kann Missionsarbeit tun an dem Ort, wo sie lebt; doch das Reisen ist für sie kaum möglich. Sie wird nicht auf Wochen oder Monate mit einer Evangelisationsgruppe hinausziehen können. Sie kann nicht von Gemeinde zu Gemeinde reisen und Bibelklassen für Frauen durchführen. An vielen Orten, wo Männergruppen umherreisen, bleiben die Frauen meistens unerreicht. Frauen müssen durch Missionarinnen erreicht werden. Es gibt Arbeit genug für die verheiratete Frau, aber viel Missionsarbeit kann sie nicht tun, weil andere Pflichten sie völlig in Anspruch nehmen.

»Dies ist die Arbeit, die ich tun möchte!« meint ein junges Mädchen, »Wochen und Monate auf dem Lande verbringen, in den Häusern der Einheimischen wohnen und mit ihnen eins werden — dies ist die einzige richtige Arbeit! *Ich* werde mich nie verheiraten!«

»Oh, ich bin überzeugt, daß es für eine verheiratete Frau manche Arbeit zu tun gibt, die eine ledige Frau unmöglich leisten könnte. Ich bin auf alle Fälle nicht geschaffen, um eine alte Jungfer zu werden! Es tut nichts zur Sache, ob nur halb so viele Männer auf dem Felde stehn wie Frauen, einige dieser Frauen werden sich verheiraten, und ich will eine davon sein!«

Nun hört, ihr beide denkt verkehrt. Es ist nicht deine Sache, zu sagen, welchen Arbeitszweig du wählen willst, und es ist auch nicht an dir, zu entscheiden, ob du verheiratet oder eine aus der Schar der Ledigen sein wirst. Weil die meisten Mädchen heiraten möchten, ist es doch gut, wenn jedes Mädchen der Möglichkeit ins Auge schaut, daß Gott sie aus irgendeinem Grunde unverheiratet haben will. Doch damit möchte ich niemanden zum Zölibat ermuntern! Ich kenne eine junge Missionarin, die verschiedenen Mitarbeitern und sogar einigen einheimischen Gläubigen erklärte, sie werde sich nie verheiraten. Der Herr redete mit ihr darüber — zur gleichen Zeit, als ein junger Mann um sie zu werben begann. Endlich gehorchte sie dem Herrn und gab die Träume über ihre Missionarslaufbahn auf. Einige Jahre später war sie eine glückliche Missionarsfrau und Mutter!

Das meiste, das ich im obigen Abschnitt erwähnte, ist vor allem für junge Missionarinnen geschrieben, doch mag es auch jungen Männern gelten. In besonderen Fällen ist es auch für einen jungen Missionar nötig, ledig zu bleiben; ich denke an jene, die Pionierarbeit tun, die für Frauen unmöglich wäre. Dies kann nun unter Umständen heißen, daß alles drangegeben werden muß, was irgendwie mit dem Begriff »Heim« zusammenhängt. Wo zwei ledige junge Männer gemeinsam in einer Arbeit stehen, ist das Zusammen-Wirtschaften gewöhnlich eine armselige Sache; wenn aber der Herr sie ruft, gibt Er auch Gnade dazu. In dieser Hinsicht ist es viel leichter für Frauen. Es können zwei ledige Frauen zusammenleben und sich ein Heim schaffen, das wirklich den Namen »Heim« verdient. Doch haben die meisten Männer diese Gabe nicht.

Die Vorteile oder Nachteile einer ledigen Missionarin, verglichen mit einer verheirateten Frau (oder umgekehrt), sind oft umstritten. Die ledige Frau hat sicher den Vorteil, daß sie ihre ganze Zeit und Energie dem Herrn weihen kann, während die verheiratete Missionarin den verheirateten einheimischen Frauen auf eine Art und Weise helfen kann, wie keine ihrer ledigen Schwestern es könnte. Es ist keine Angelegenheit, die von den Menschen eigenmächtig entschieden wird. Bedenke, »... jeder hat seine eigene Gabe von Gott, der eine so, der andere so« (1. Kor 7, 7). Alles, wozu Gott uns berufen hat, das *können* wir tun. Jeder Stand hat seinen eigenen Segen. Erkennt jemand die »äußeren Bedrängnisse« (1. Kor 7, 28), die das Erziehen von Kindern auf dem Missionsfeld in sich birgt, so genügt dies beinahe, um zu empfinden, daß der ledige Stand der leichtere ist. Natürlich ist er es. Doch ledig bleiben ist auch nicht leicht. Jedes menschliche Herz verlangt nach jemandem, dem es gehören darf, und vielleicht ist es das Schwerste, womit die ledige Missionarin sich abfinden muß, daß sie nie zu einem Menschen sagen kann: »Ich werde bei dir bleiben.«

Eine Missionarsfamilie wie sie Gott gefällt

»Nach der Heirat bleibt die Frau Missionarin, und ihr veränderter Stand wird ihr neue Möglichkeiten zum Dienst verschaffen. Sie wird die Zeit sorgfältig einteilen müssen, damit Sprachstudium, Familienpflichten und ihre Berufung als Missionarin nicht zu kurz kommen. Dies wird Umstellungen in Anschauungen und Gewohnheiten erfordern; wenn aber die Verantwortungen, die eine Ehe fordert, betend angenommen wurden, dann werden die verschiedenen Ansprüche an Zeit und Kraft keine dauernden Konflikte in bezug auf Treue erzeugen.

Die Gründung einer christlichen Ehe sollte zur Ehre Gottes und zur Förderung des Evangeliums dienen. Eine zu vermeidende Gefahr ist die, daß Missionare ganz in ihren Familien aufgehen und ihren eigentlichen Dienst unter den Leuten, zu denen sie gerufen sind, vernachlässigen. Es ist dies die gegenseitige Pflicht von Mann und Frau, darauf zu achten, daß keines das andere am Erfüllen der Pflichten hindert. Wo Kinder da sind, entstehen neue Verantwortungen. Diese sollten jedoch nicht die ganze Zeit und die ganze Energie beider Partner in Anspruch nehmen. Kinder, die in einer Atmosphäre der Liebe und Zucht aufwachsen, sind nicht nur eine Freude für ihre Eltern, sondern wertvoll zur Ausbreitung des Evangeliums. Sind die Kinder jedoch verwöhnt und ungezogen, sei es in der Heimat oder auf dem Feld, so kann daraus für Gottes Sache und den guten Ruf der Mission gefährlicher Schaden entstehen.«

Grundsätze der China-Inland-Mission

Welch herrliche Einrichtung ist doch ein christliches Zuhause! Welch ein Vorrecht, inmitten zahlreicher, dunkler, heidnischer Familien ein Heim gründen zu dürfen, das wirklich christlich ist, und die Liebe Christi im Familienkreis vor Menschen, die nichts davon wissen, ausleben zu dürfen!

Dieses Vorrecht wurde mir selbst nicht zuteil. Der Herr hat mich nicht diesen Weg geführt. Und doch, nachdem ich viele junge und ältere Ehepaare auf dem Missionsfeld beobachtet habe, erkannte ich etwas von dem Preis, den sie zu bezahlen hatten. Der Außenstehende sah nur die Liebe und den Segen, der aus diesen Familien strahlte. Während ich aber in einigen davon lebte, fand ich heraus, daß diese jungen Paare beständig mit Problemen und Enttäuschungen zu kämpfen hatten, und ich fragte mich, ob ich je diese Schwierigkeiten so tapfer hätte ertragen können wie sie.

Sollen wir uns nun die Hindernisse, die ein jung verheiratetes Paar auf dem Missionsfeld zu überwinden hat, etwas näher ansehen? Wollen wir das junge amerikanische Paar John und Mary nennen und sie uns dabei ganz einfach als Leute vorstellen, die in Situationen hineingeraten, wie die meisten jungen Missionare sie antreffen.

Ein eigenes Heim — danach sehnte sich Mary. Sie und John hatten einige Monate, ehe sie auf das Missionsfeld hinauszogen, geheiratet. Sie lebten miteinander in der Sprachschule und wohnten nun zusammen mit einem älteren Missionsehepaar, bis sie mit Bräuchen und Sprache der Einheimischen genügend vertraut waren, um auf eine eigene Station gesandt werden zu können. Mary hatte keine Mühe beim Sprachstudium, doch John fand es schwer, und so lebten sie bereits zwei Jahre lang auf dem Feld, bevor ihr Wunsch nach einem eigenen Heim endlich in Erfüllung gehen konnte. Es war gut, daß Mary die Sprache spielend lernte. Der kleine David wurde geboren, nachdem sie ein Jahr im Land zugebracht hatten, und die Pflege des Kleinen brachte es mit sich, daß Mary sich täglich einige Stunden weniger dem Sprachstudium widmen konnte als John.

Als sie endlich auf ihre neue Station kamen, stellten sie erstaunt fest, daß ein langes, ungestörtes Studieren der Sprache, das sie doch noch so nötig gehabt hätten, völlig unmöglich war. An dem Ort, in den sie gesandt wurden, bestand eine kleine Gemeinde; da wollten sie natürlich trotz ihrer beschränkten Sprachkenntnisse tapfer mithelfen. Sie fanden einen Sprachlehrer, jedoch war er nicht so tüchtig wie ihr erster. Ein junges Mädchen half Mary im Haushalt. Sie war aber so ungeübt, daß Mary in den ersten Monaten oft dachte, dieses »Kind« anzulernen, nehme ihr mehr Zeit weg, als wenn sie die Arbeit selbst verrichtete. Sie hatten viele Besucher, Christen und andere. John liebte es, mit den Leuten zusammenzusitzen und mit ihnen zu plaudern. Obwohl er eine gewisse Gewandtheit im Sprechen erlangt hatte, kam er im Durcharbeiten der verlangten Studien nur langsam voran. Mary hätte diese männlichen Besucher oft gerne zum Haus hinausgejagt, John an seinen Schreibtisch gesetzt und ihn samt seinen Büchern eingeschlossen!

Die Sorge um das Kind und alle Haushaltspflichten, die sich ständig mehrten, bedrückten sie. Es war gut, daß ihr das Lernen leichtfiel. Sie sagte oft, daß der Herr ihr im Sprachstudium besonders geholfen habe, da er wußte, wieviel Arbeit auf ihr gelastet habe. Weil sie so viel zu tun hatte, lernte sie oft bis spät in die Nacht hinein, länger als für ihre Gesundheit gut war. Als eine Grippe in der Gegend umging, fiel sie ihr schnell zum Opfer. Armer John! Nun mußte er Krankenpfleger, Koch und Kindermädchen, alles auf einmal sein. Daß John auf diese Weise in seinen Studien gehindert war, bereitete Mary die größte Sorge.

Sie war noch nicht ganz gesund, als Davids kleine Schwester geboren wurde. Welch kostbarer Schatz! Vor ihrer Krankheit hatte Mary jede zweite Woche eine Frauenstunde durchgeführt; jetzt konnte sie unmöglich Zeit zur Vorbereitung einer kurzen Botschaft finden. Weil sie sich nur langsam erholte, entschied sie sich für einen frühen Sommeraufenthalt in den Bergen. Als sie zurückkehrte, entdeckte sie mit Schrecken, daß sechs Monate verstrichen waren, seitdem sie eine Botschaft in der einheimischen Sprache vorbereitet und weitergegeben hatte.

Sie fühlte sich in jeder Beziehung besser und fand sich bald wieder zurück in die Arbeit. Das Mädchen, das ihr im Haushalt half, hatte sich gut eingearbeitet, und man konnte ihr die Kinder ruhig überlassen. Obwohl John mit der Sprache nur langsam vorankam, gelang es ihm, sich verständlich zu machen. Und die kleine Gemeinde wuchs ständig. Auf seine Anregung hin hatte sich eine Evangelistengruppe gebildet, die in die Dörfer und Städte hinauszog und dort das Evangelium verkündigte. Oft waren sie mehrere Wochen unterwegs. Und die einheimischen Gläubigen beharrten darauf, John müsse sie begleiten. Natürlich war ihm nichts lieber als diese Reisen. Je länger desto öfter fand sich Mary mit den Kindern allein zu Hause. Wo blieb nun das glückliche Heim, das sie John schaffen wollte? Er war so lieb und freundlich wie eh und je, wenn er daheim war — doch wann war er das? Und wenn er sich endlich wieder einmal zu Hause aufhielt, kamen viele Besucher, um mit ihm zu reden. An den Abenden, wenn die Besuche ausgeblieben waren, war sie oft versucht zu sagen: »Komm, John, setze dich doch zu mir her, wir wollen es gemütlich haben zusammen«, aber ihr zartes Gewissen mahnte gewöhnlich lauter als die Stimme des Herzens, und anstatt dieser zu gehorchen, blickte sie auf die Uhr und sagte aufgeräumt: »Oh, wie schön! Es bleiben dir noch zwei volle Stunden zum Sprachstudium!«

Schnell verging die Zeit. John lernte beharrlich weiter und brachte seine verschiedenen Sprachexamen zum Abschluß. Mary blieb nie so viel Zeit zum Studieren, doch war sie ihm meistens voraus. Niemals träumte sie, John im Beherrschen des gesprochenen Wortes zu überflügeln. In der ersten Zeit sparte sie gewöhnlich die Probleme, die sich ihr in den Weg stellten, auf und überließ sie John zur Lösung. Doch sie fand bald heraus, wie müde er jedesmal von seinen Reisen zurückkehrte, und wollte ihn nicht auch noch belasten. So plagte sie sich allein damit ab. Die Kinder wuchsen rasch heran und erfreuten sich meistens einer guten Gesundheit, obwohl es auch mit ihnen durch ernste Krankheitszeiten ging.

Als David vier Jahre alt war, wurden zwei junge Missionarinnen, frisch von der Sprachschule her — zwei fröhliche, glückliche Mädchen, die Mary von ganzem Herzen willkommen hieß —, zu ihnen gesandt. Das Besorgen des vergrößerten Haushaltes nahm jetzt noch mehr Zeit in Anspruch, doch ließ sie sich dadurch nicht verdrießen. Eines dieser beiden Mädchen war sehr sprachbegabt, das andere fand das Lernen mühsam. Wenn die Langsame mit ihren Sorgen gelegentlich zu ihr kam, tröstete sie Mary und erzählte ihr, wie langsam John mit dem Lernen vorwärts gekommen sei. Die beiden Mädchen liebten die Kinder sehr, doch Mary war fast zu gewissenhaft und erlaubte den Kleinen kaum, die beiden Mädchen zu stören, von denen man erwartete, daß sie alle Zeit und Kraft dem Sprachstudium widmeten. Die Begabte, Alice, raste nur so durch zwei Examen und durfte dann eine Woche aufs Land reisen mit dem Frauen-Evangelisationsteam, das im vorigen Jahr gegründet werden konnte. Mary war eine der Hauptbefürworterinnen gewesen. Sie hatte sich seit der Gründung dieser Gruppe stets danach gesehnt, einmal mit hinausziehen zu dürfen, aber — da waren ihre Kinder. Und, waren es nicht die kostbarsten Kinder der Welt?

Doch als Alice, übersprudelnd vor Freude und all dem Neuen, das sie während dieser Woche auf dem Land erlebte, zurückkehrte (glücklicherweise konnte sie alles mit Vergnügen essen, was ihr dort vorgesetzt wurde), da hatte die arme Mary alle Mühe, »sich zu freuen mit der Fröhlichen«. In der Abgeschlossenheit ihres Zimmers (John war nicht daheim, und die Kinder schliefen) ließ sie nachher ihren Tränen freien Lauf.

Dann kam die Zeit, in den Heimaturlaub zu fahren. Die Heimat erschien ihnen zuerst fremd, aber bald gewöhnten sie sich wieder daran. Jedermann behandelte sie sehr freundlich und überschüttete sie mit Geschenken. Das Wiedersehen mit Verwandten und Freunden war so, wie sie es erwartet hatten. Doch das Wohnen mit Kindern in anderer Leute Häuser — selbst wenn es ihre eigenen Familien waren — brachte manche Schwierigkeit mit sich. Die Verwandten verwöhnten die Kinder — und Disziplin wurde ein Problem. Endlich gelang es ihnen, für ein paar Monate eine eigene Wohnung zu bekommen, und David konnte den Kindergarten besuchen. John war ständig unterwegs als Redner; er reiste hin und her und sprach an vielen Orten. Mitunter war es Mary, sie sehe ihn in der Heimat noch seltener als auf dem Missionsfeld.

Gewiß erlebten sie daheim eine wunderschöne Zeit, aber sie freuten sich, wieder hinaus aufs Feld ziehen zu dürfen. Mit diesem Gedanken verband sich aber schon ein anderer, der Mary immer wieder wie ein Messerstich traf — sie wußte, bald würde ihr kleiner David sie verlassen und in der Missionsschule untergebracht werden. Diese Schule befand sich weit entfernt von ihrem Arbeitsfeld, und alles, was sie hoffen durften, war, David während der Sommerferien und des Urlaubs bei sich zu haben. Ihr kleiner David! So weit entfernt unter Fremden! Vielleicht konnte sie ihn noch eine Weile daheimbehalten und ihn selbst unterrichten. Wenn doch nur die Missionsleiter nicht so sehr darauf beharrten, daß alle Kinder im Schulalter auf die Schule für Missionarskinder gesandt werden sollten! Was wußten sie schon von der Liebe einer Mutter zu ihrem kleinen Jungen! Doch noch während dieses Gedankens rügte sie ihr Herz. Natürlich wußten sie darum, hatten sie doch selbst auch Kinder! Es mußte sein, wenn für die Kinder das Beste erreicht werden sollte. Sie war ja auch keine Lehrerin, außerdem war ihre Zeit immer vollkommen ausgefüllt! Wie durfte sie je daran denken, David selbst zu unterrichten!

Dazu, so spann sie ihre Gedanken weiter, mußte doch David

auch mit andern gleichaltrigen Kindern zusammenkommen und das Geben und Nehmen kennenlernen, das ein Leben in der Schule mit sich bringt. Schon der Kindergarten war darin eine Hilfe gewesen. Und auf dem Feld gibt es so viele Schwierigkeiten! Während sie sich dort aufhielten, hatte sie immer versucht, in David nie das Gefühl der Überlegenheit gegenüber seinen Spielkameraden aufkommen zu lassen, doch hatte sie ihm auch nicht alles erlauben dürfen, was die einheimischen Kinder taten. Und immer hatte er wissen wollen, warum. — Warum durfte er sich seine Nase nicht mit dem Handrücken sauberwischen? Warum mußte er immer zu einer bestimmten Zeit schlafengehen, wenn doch alle andern Kinder aufbleiben durften, solange es ihnen paßte? Natürlich hatte sie ihm nie gesagt: »Weil wir Amerikaner und darum anders sind.« Doch David hatte unbewußt diese Stellung eingenommen und sich den einheimischen Kindern gegenüber erhaben gefühlt. Sie erinnerte sich gut daran, wie hilflos sie sich in solchen Momenten gefühlt hatte.

Nun, es schien wirklich notwendig zu sein, ihn zur Schule zu schicken, sollte er nicht stolz und anmaßend aufwachsen. Sie erinnerte sich auch an den Tag, als sie ihn schlagen mußte, weil er einen seiner Spielkameraden zornig in schmutzigen Worten angeschrien hatte. Wo hatte er jene Worte gehört? (Er hatte die Sprache, mit guten und schlechten Ausdrücken, mühelos angenommen.) Sie kannte nicht einmal die Bedeutung der Worte, doch hörte sie einmal, wie ihn die Bibelfrauen seiner Sprache wegen ausschalten. Sie war daraufhin auf sie zugegangen, um zu sehen, was vorgefallen war. Die Frauen wollten ihr keine Auskunft geben, aber sie gab sich nicht zufrieden, bis sie alles wußte. Nein, wenn ihr Junge all dem Schmutz begegnete, während er bei ihr im Inland lebte, so gab es keinen andern Ausweg, als ihn zur Schule zu schicken. »Oh, Herr«, betete sie, »Du weißt, was das Beste ist, und ich sehe, daß er gehen muß; aber, o Vater, es ist, als ob mein Herz zerreißen müßte, wenn ich ihn wegschicke!«

Die Zeit kam. John und Mary kehrten auf ihr Missionsfeld zurück, und David reiste in seine Schule. Mutig schluckte er sein Schluchzen hinunter, doch sein verzweifelter, verlorener Blick schnitt den Eltern tief ins Herz. Sie versuchten, ihn zu vergessen und sich im Gedanken an das Wiedersehen mit der lieben Gruppe der Gläubigen auf ihrer alten Station zu freuen. Doch nein! Es kam ein dringender Ruf in eine harte Arbeit, in ein ganz anderes Arbeitsgebiet. Nach vielen Besprechungen und Gebeten fand man sich damit ab. Es gab keine Möglichkeit zu einem Wiedersehen mit der alten Station, nicht einmal zu einem kurzen Besuch. Bald fanden sie sich weit davon entfernt unter Fremden, wohnten in zwei gemieteten Räumen und versuchten, eine ihnen bisher unbekannte, schwierige Lage in der bestehenden Christengemeinde zu ordnen.

Jede Geschichte nimmt ein Ende, doch das Leben geht weiter. Das menschliche Herz empfindet die gegenwärtigen Schwierigkeiten als Last und sieht die fragliche Zukunft in einem verzauberten Glanz. John und Mary hatten immer geglaubt, ihre zweite Chinazeit werde leichter sein als die erste. Doch als sie die zweite begannen und sie auf die erste zurückschauten, kam sie ihnen wie ein Kinderspiel vor.

Überschaut man ihre erste Chinazeit, dann durchlebten John und Mary wirklich verhältnismäßig leichte Jahre. Einmal wohnten sie nur an zwei verschiedenen Orten. Aus gewissen Gründen haben die meisten Missionare oftmals ihren Arbeitsort zu wechseln. Vielleicht bricht jemand, der eine ganz unentbehrliche Arbeit versieht, darunter zusammen und muß verfrüht in den Heimaturlaub fahren, und du bist der einzige, der diese Arbeit übernehmen kann. Oder das Werk wächst, und die älteren Missionare werden mehr ins Inland hinein gesandt, wenn neue nachkommen. Vielleicht herrscht Krieg im Land, und du mußt die Station verlassen, weil sie im Kampfgebiet liegt. Was immer der Grund sein mag, plötzlich mußt du dein Heim abbrechen, packen und wegziehen, dich in einem neuen

Ort einleben, neue Leute und neue Probleme kennenlernen und dir einen neuen Dialekt aneignen.

Auch andere Dinge waren in jener ersten Zeit leichter gewesen für John und Mary. Sie hatten keine »schwierigen« Mitarbeiter. Ihr Schicksal hatte sie nicht in eine unbearbeitete Gegend geführt oder zu Leuten, die ihnen unfreundlich begegnet waren. Auch fanden sie keine schwierigen Gemeindeverhältnisse vor. Die Gemeindeglieder waren bestrebt, mit ihnen zusammenzuarbeiten und von ihrem Unterricht und Beispiel zu lernen. Gesundheitlich hatten sie ebenfalls nichts besonders Schweres durchzustehen. Die Geschichte all dessen, was sie in ihrer ersten Chinazeit erreichten, könnte wirklich als Vorbild eines jungen Missionars gewertet werden.

Das heißt jedoch nicht, das John und Mary keine Schwierigkeiten gekannt hätten. Schwierigkeiten sind etwas Natürliches auf dem Missionsfeld, und sie hatten ihren Teil. Doch sie überwanden diese und lernten dabei ihre Lektionen. Wie? Einfach, weil sie einige ihrer »Rechte« aufgaben, und in vorderster Reihe der Rechte, die sie aufgaben, stand das Recht auf ein normales Familienleben. Es gab doch selten einen Abend, an dem John zu Hause war, oder sie keine Besucher hatten, und gab es einen solchen Abend, so verbrachte ihn John hinter seinen Büchern. Später war er tage- und wochenlang von zu Hause weg, so daß die Familie die meiste Zeit ohne Vater auskommen mußte. John mußte sein Recht, eine gewisse Zeit bei Frau und Kindern verbringen zu dürfen, aufgeben. Sogar Mary konnte sich den Kindern nicht so oft widmen, wie sie es gerne getan hätte, oder sich ihrer Fragen annehmen, wie sie es wünschte. Dann, nach einigen Jahren, mußten sie ihr Heim mit anderen teilen. Meistens lebten andere Leute bei ihnen. Immer mußten sie des Herrn Werk an den ersten Platz stellen und ihre Familie an den zweiten.

Doch war nicht gerade diese Einstellung des Sich-selbst-Aufgebens das, was ihre Familie zu einer Familie im Sinne Gottes werden ließ? Hätten sie sich selbst an die erste Stelle gesetzt, wäre ihre Familie dann nicht das gewesen, was sie nie wollten: egozentrisch und selbstzufrieden? Eine Familie, die nur sich selbst lebt, ist keine wirklich christliche Familie.

John war sehr oft von zu Hause weg und hat viel geopfert, denn die Liebe zu seinem Herrn war die Triebkraft seines Lebens. Darum mußten selbst die Zeiten seiner Abwesenheit der Familie letztlich zum Segen dienen. — John und Mary nahmen andere freudig auf und wollten es so haben. Sie wären zwar auch gerne manchmal als Familie unter sich gewesen, aber ihre Sorge um das Werk des Herrn war größer als ihre natürlichen Wünsche. — Sie überschlugen die Kosten und sandten ihr Kind weit weg auf eine Schule, weil sie erkannt hatten, daß dieser Weg der beste für ihr Kind und für die Arbeit war.

Die Liebe zu Christus war größer als die Liebe zur Familie, zu den Kindern und sogar größer als die Liebe zueinander. Hätten sie auf ihrem Recht auf ein privates Familienleben bestanden und diesem den ersten Platz eingeräumt, hätte es Verlust bedeutet — Verlust eines christozentrischen Familienlebens, wie sie es doch immer hatten haben wollen. Indem sie es aber aufgaben, fanden sie es: Sie hatten ein für alle offenes Haus, das wirklich die Liebe Christi ausstrahlte, weil diese Liebe die treibende Kraft ihres Lebens war.

Zusammenleben auf dem Missionsfeld

Die sechs Monate der Sprachschule gingen ihrem Ende entgegen, die Examen gehörten zur Tagesordnung. Wenn auch die Ergebnisse ihrer Arbeit noch nicht bekanntgegeben waren, versammelte sich doch ein halbes Dutzend junger Missionarinnen im Schlafsaal zum Kaffeeklatsch. Einige lagen lang ausgestreckt auf ihren Betten, andere saßen auf dem Boden, aber alle hatten eine große Henkeltasse vor sich und langten ab und zu nach den Keksen.

»Wißt ihr, letzte Nacht habe ich kein Auge zugetan«, erklärte die eine. »Ich dachte an Herrn Gibb, den Generaldirektor, der uns bald die zukünftige Station zuweisen wird. Ich mußte daran denken, wer und wie wohl meine ältere Mitarbeiterin sein würde, und das beschäftigte mich so sehr, daß ich gar nicht schlafen konnte.«

»Du weißt doch, daß der Herr darüber bestimmt, und wir beteten ja lange dafür. Du solltest dir darüber keine Gedanken machen!« wies eine andere sie freundlich zurecht.

»Nun, ich versuchte ja ruhig zu sein, aber je mehr ich mich bemühte, desto weniger fand ich Schlaf!«

»Du bist dumm!« warf eine andere ein. »Herr Gibb kommt doch erst morgen, und wer weiß denn, wann du deine Unterredung mit ihm haben wirst. Er wird mehrere Tage benötigen, sagte man uns, und dein Name hat den Anfangsbuchstaben T.«

»Du hast gut reden«, fuhr das erste Mädchen fort, »du hast eine Schwester draußen und hältst es für selbstverständlich, daß man dich zu ihr schickt. Natürlich hast du es gut. Doch wie wird es uns ergehen, die wir ganz verstreut irgendwohin und zu Fremden gesandt werden? Wie kann ich wissen, ob meine ältere Mitarbeiterin mich leiden kann oder nicht?«

»Du brauchst dich gewiß nicht zu sorgen«, sagte ein Mädchen leise, das bisher geschwiegen hatte, »du bist fröhlich und lebhaft, und alle haben dich gern. Ich bin ruhig und ungeschickt und weiß nie, was ich sagen soll. Ich bin überzeugt, daß meine Mitarbeiterin enttäuscht sein wird, wenn sie mich bekommt!«

»Hört eine Minute auf mich«, meldete sich eine andere. »Ich zeige euch einen Ausweg aus der Schwierigkeit. Jede möchte gerne eine angenehme Mitarbeiterin haben. Nun, es gibt nur einen Weg, und der heißt: Wähle selbst! Auf alle Fälle werde ich es so machen.«

»Ach Quatsch!« riefen drei oder vier Stimmen auf einmal! »Wähle selbst! Als ob wir unsere Mitarbeiterinnen selbst wählen könnten! Wie kannst du bloß so reden!«

»Ich meine, was ich sage. Ich wähle meine Mitarbeiterin selbst. Natürlich kann ich es jetzt noch nicht so halten — ich werde für ein oder zwei Jahre mit jener Mitarbeiterin zusammenarbeiten müssen, die Herr Gibb für mich bestimmt, — doch dann werde ich mit der zusammenkommen, die ich selbst ausgesucht habe.«

So weit kam die Sprecherin, dann sprangen zwei der jungen Mädchen auf sie zu und rollten sie vom Bett auf den Boden. »Nur weil du verlobt bist, brauchst du nicht zu denken, du seist besser als wir andern!« Und nun brachen alle in ein fröhliches Lachen aus.

Mit wem werde ich die nächsten sechs Monate zusammenleben und arbeiten? Die nächsten sechs Jahre? Den Rest meines Lebens? Wen werde ich in Zukunft am Morgen zuerst sehen, zuletzt am Abend und in der ganzen Zwischenzeit? Mit wem werde ich dreimal am Tag während der Mahlzeiten zusammensitzen? Wer wird meine Mitarbeiterin sein, meine Freundin in der Freizeit? Wer wird mit mir vor dem Gnadenthron stehen und um Seelen und den Aufbau der Gemeinde Gottes ringen? Ja, das ist eine wichtige Frage. Irgendwie scheint die Leitung der Mission in der Wahl des Mitarbeiters oder der Mitarbeiterin nur einen Weg zu erlauben, und das ist die Heirat. Sogar verheiratete Paare werden oft gebeten, einen oder zwei Missionare oder Missionarinnen in ihre Familie aufzunehmen, und bist du ledig, nun, dann wirst du eben dem Superintendenten oder dem Feldkomitee überlassen müssen, eine Begleiterin und Mitarbeiterin für dich zu bestimmen.

Als ich die Hochschule besuchte, war ich bestrebt, mich überall zu Hause zu fühlen. Ob es nun ein reiches oder ein armes Haus war, nach amerikanischen oder anderen Maßstäben, kultiviert oder nicht — ich wollte in meiner Umgebung so leben, als wäre ich dort aufgewachsen. Solches Bestreben ist gewiß lobenswert, und die Erreichung des Zieles einem Missionar sehr nützlich. Doch erkannte ich später, daß das eigentliche Problem so nicht zu lösen ist. Mein gegenwärtiges Verlangen ist nicht einmal so sehr, mich in jeder Umgebung wohl zu fühlen, vielmehr sehne ich mich nach einem glücklichen Zusammenleben mit *jedem* Mitarbeiter.

Diese Feststellung mag wohl einige meiner Leser leicht entrüsten. Hätte ich gesagt, ich sei bestrebt, mit jedermann glücklich zusammenzuleben, dann wärt ihr mit mir einverstanden gewesen. Doch nein, ich muß sagen, *mit irgendeinem Missionar!* Vermittle ich damit den Eindruck, als ob das Zusammenleben mit einzelnen Missionaren oder Missionarinnen schwer sei? Jener Gruppe von auserwählten Dienern Gottes, die alles aufgeben und für Ihn in die entferntesten Winkel der Erde ziehen? Mit jedem andern Menschen mag das Zusammenleben schwer sein, doch bestimmt nicht mit Missionaren!

Nun, Missionare (ausgenommen solch elende Menschen wie ich) sind das Salz der Erde. Und doch zwingt mich zur gleichen Zeit eine häufige Erfahrung auf dem Missionsfeld zu der Schlußfolgerung, daß es zum Zusammenleben auf dem Feld mehr Gnade braucht als daheim. Warum? Es gibt verschiedene

Gründe dafür. Ich darf sicher ruhig sagen, daß die meisten Missionare einen ausgeprägten, festen Willen haben, sonst wären sie wohl nie auf das Missionsfeld hinausgekommen. Sie wissen, was sie tun und wie sie handeln wollen. Die meisten Missionare sind sich über die zu leistende Arbeit einig — welches ist aber der beste Weg zu ihrer Erfüllung? Darüber kann man ganz verschiedener Ansicht sein. Die älteren Arbeiter mögen vielleicht denken, die Pläne ihrer jüngeren Kollegen seien wild und undurchführbar. Der Jüngere dagegen sieht im Älteren einen veralteten, schwerfälligen Menschen. Haben wohl beide recht? Glücklich jene Mitarbeiter, die von ihren Lieblingsideen ohne »Hitze« reden können! Glücklich auch jene Mitarbeiter, die das Kunststück einer richtigen Vereinigung von Initiative und Zusammenarbeit vollbringen!

Es ist nicht so leicht, sich vorzustellen, wie eng man mit seinem Mitarbeiter auf dem Felde verbunden ist. Wahrscheinlich leben keine oder nur wenig andere Menschen deiner eigenen Rasse an deinem Arbeitsplatz. Daheim kann man mit einer Gruppe Menschen zusammenleben, mit einer anderen zusammenarbeiten und besondere Freunde haben, die sich untereinander überhaupt nicht kennen. Auf dem Feld gibt es niemanden — niemanden! —, der deine eigene Sprache spricht, deine Erziehung versteht oder so denkt wie du.

Vielleicht lebst du auf deiner Station mit jemandem zusammen. Jedes menschliche Herz verlangt nach einem besonderen Freund, doch in deinem Mitarbeiter findest du nicht den Freund oder die Freundin, die du dir als deine besondere Freundin selbst gewählt hättest. Vielleicht hat sie Eigenschaften, die dich stören. Du liebst Hunde, sie aber haßt sie. Sie ist besonders sparsam, du aber gibst das Geld leichter aus. Irgendwie gleicht das Verhältnis zweier Missionare, die zusammen leben und arbeiten, dem Verhältnis von Mann und Frau, doch in diesem Falle haben sich die Partner nicht selbst gewählt. Natürlich dauert eine solche Verbindung nicht ein ganzes Leben lang, und die Missionarin, die mit einer ihr unsympathischen Kollegin in die Arbeit gestellt ist, kann sich damit trösten, daß früher oder später ein Wechsel vorgenommen wird. Diese Einstellung ist allerdings nicht gerade die Art von Anpassung, die dem Werk am meisten dient.

Sogar verheiratete Paare werden diese Anpassungsschwierigkeiten bis zu einem gewissen Grad empfinden. Ein jungverheiratetes Paar muß vielleicht zwei Jahre mit einem älteren Ehepaar zusammenleben. Da wenige Missionare vorhanden sind, kann es auch vorkommen, daß ein junges Ehepaar in seiner ersten Zeit auch zu einer oder zwei ledigen Missionarinnen gesandt wird. Man wird ihm ein eigenes Heim und eine eigene Arbeit geben, und diese erste Zeit vergeht. Doch Ehepaare auf dem Missionsfeld bleiben selten lange allein. Jüngere Arbeiter werden kommen und bei ihnen wohnen. Zudem wird der Missionar oft wochen- und monatelang von zu Hause weg sein und seine Frau daheim bei den Kleinen und den jungen Arbeitern zurücklassen.

Die ledige Missionarin empfindet dieses scheinbar wahllose Zusammengestelltsein noch stärker. Zwei gute Freundinnen werden unter Umständen zusammen auf eine Station geschickt, oder — was öfters geschieht — zwei, die man zusammenstellte, werden besonders gute Freundinnen. Die Tatsache, daß sie befreundet sind, darf natürlich nicht der Grund zur Zusammenarbeit und des Zusammenlebens sein. Sollte es dem Werk am besten dienen, wenn zwei befreundete Arbeiter zusammen in eine Arbeit gestellt werden oder wenn man sie beisammen läßt, so ist das gut. Wenn nicht, nun, dann müssen sie sich eben trennen!

Weil ich meine Mitarbeiterin nicht selbst wählen kann, entstehen wahrscheinlich zwei Schwierigkeiten. Die eine ist die, daß ich zu einer Missionarin gesandt werde, die ich nicht recht leiden mag. Die andere Schwierigkeit besteht in der Trennung von einer Mitarbeiterin, von der ich nicht getrennt sein möchte.

Die erste Schwierigkeit tritt immer wieder auf. Wahrscheinlich haben die meisten Missionare einmal eine Zeit erlebt, in der sie mit Menschen zusammenleben mußten, die sie nicht ausstehen konnten. Die zweite Schwierigkeit begegnet ledigen Missionarinnen immer wieder. Immer und immer geschieht es! Gerade dann, wenn du mit einer anderen lange genug zusammengelebt hast und wenn ihr zu dem Punkt gekommen seid, wo ihr euch versteht, dann werdet ihr wieder getrennt. — Wir möchten alle so gern irgendwo Wurzeln treiben!

Wir lieben es, Freundschaften zu schließen; doch auf dem Missionsfeld sind Änderungen und Wechsel der Stationen und Mitarbeiter an der Tagesordnung. Immer kommen neue Arbeiter dazu, und ältere treten zurück. Beständig werden neue Stationen eröffnet. Und immer wieder findet sich die ledige Missionarin eines Tages getrennt von einer Mitarbeiterin, mit der sie gerne dauernd zusammen gearbeitet hätte.

Einige werden bemerkt haben, daß ich von Frauen geredet habe. Ich habe es absichtlich getan, denn die Mehrzahl der Arbeiter auf dem Feld sind Frauen. Und, wie ich bereits erwähnte, das Schwerste, das eine ledige Missionarin auf sich nehmen muß, ist dies, daß sie nie zu einem Menschen sagen kann: »Ich werde bei dir bleiben!«

»Welch negative Einstellung!« erklärt mir jemand, und wir müssen dieser Person dafür danken, daß sie uns auch an die positive Seite erinnert. Es gibt Einen, den wir als *Freund* und *Mitarbeiter* wählen dürfen. (Wie erstaunlich, daß *ich Ihn* wählen darf!) Und gerade weil wir diesen einen Mitarbeiter, der uns nie verlassen wird, gewählt haben, dürfen wir keinen andern wählen — nicht einmal ein Mann seine Frau — ohne Seinen Auftrag. Sobald wir Ihn wählen, dann wählt Er alles andere für uns.

Nach altem orientalischen Brauch werden die Ehepartner durch die Eltern oder Mittelsleute ausgewählt. Wenn nach der Hochzeit sich manchmal etwas als schlecht herausstellte, beschuldigten häufig beide den Mittelsmann. Werden Ehen nach unseren westlichen Bräuchen geschlossen, so kann man niemanden außer sich selbst beschuldigen. Ehe ich Amerika verließ, nahm ich an, daß alle Ehen, die nach der Wahl von Eltern oder einem Mittelsmann geschlossen wurden, notgedrungen unglücklich sein müßten. Nachdem ich aber einige Zeit auf dem Missionsfeld gelebt hatte, entdeckte ich, daß der Prozentsatz glücklicher Ehen in China unter Ungläubigen größer war als jener der gleichen Gruppe in Amerika, obgleich fast alle Ehen im alten China nach der alten Sitte geschlossen wurden. Leute, die ihre Partner selbst wählen, wählen nicht immer geschickt. Ältere Leute mit mehr Erfahrung mögen besser wählen, als die Jungen es vermögen. Es *mag* besser sein, eine vertrauenswürdige Mittlerperson zu haben, als die Wahl nach eigenem Gutdünken zu vollziehen!

Wenn dies von einem irdischen Mittler gesagt werden kann, wieviel wahrer ist es von dem *Einen,* der für uns wählt! Der irdische Mittler mag in manchem die rechte Wahl treffen, doch macht er bestimmt auch Fehler. Der Eine, der für uns wählt, handelt immer recht. Darum, ob es sich nun um das Annehmen eines Mitarbeiters dreht, den du lieber nicht hättest, oder einen von dir ziehen läßt, den du gerne weiter behalten hättest, — denke daran, daß der Eine, der für uns wählt, keine Fehler macht.

Die Gefahr eines Neu-Kolonialismus

Die Versammlung der Missionsgemeinschaft war beendet. Die Studenten des Bibel-Instituts verließen gruppenweise den Raum, und viele diskutierten über die Botschaft, die sie soeben gehört hatten.

»Was hast du über den letzten Punkt gedacht?« fragte einer.

»Jenen über die Rassenvorurteile, meinst du? Darüber, daß wir nicht denken sollten, wir seien besser als alle andern, nur weil unsere Haut weiß ist? Um die Wahrheit zu sagen, es erschien mir ein wenig überflüssig. Ich nehme an, es bestehen heute noch Rassenvorurteile und Rassenstolz, doch nicht in einer Gruppe wie der unsrigen. Sind wir denn nicht beinahe alle Missionskandidaten?«

»Genau so dachte ich auch«, entgegnete der erste. »Man hätte denken können, er habe die Zuhörerschaft verwechselt. Es war ihm aber sicher bewußt, daß er zu Missionskandidaten sprach. Seltsam! Das Übrige seiner Ansprache — das war gut. Doch dieser Punkt — den konnte ich einfach nicht verstehen!«

»Oh, er bleibt einfach fünfzig Jahre hinter der Wirklichkeit zurück, das ist alles«, fügte ein anderer bei. »So waren die Zustände, als er auf das Missionsfeld hinauszog: der imperialistische Weiße und der unterdrückte Eingeborene.

Doch die Zeiten haben sich geändert. Die Leute benehmen sich heute anders. Jede Rasse hat ihre eigene Kultur und leistet ihren eigenen Beitrag, um die heutige Kultur zu bereichern. Dies erkennen wir heute alle. Die christliche Welt ist ein gut Stück vorangekommen, seitdem er Student war. Rassenstolz! Wir müßten uns unserer Rasse eher schämen, das sollte er doch wissen. Blicke auf die heutige Weltlage — alle Not heraufbe-schworen durch die weiße Rasse!«

»Einige jener alten Missionare waren ohne Zweifel Imperiali-sten!« Ein temperamentvoller junger Mann mischte sich in das Gespräch ein. »Ihr solltet einige der Geschichten hören, die mein Vater erzählt! Da scheuchte man die Leute umher, als wä-ren sie Sklaven. Solche Fälle gab es natürlich nicht viele. Die Zeiten mögen sich ändern, aber das menschliche Herz bleibt dasselbe. Stolz ist eine Sünde, in die man heute genauso leicht fallen kann, wie damals. Zu denken, man sei besser als andere Menschen — vielleicht nicht in bezug auf die Rasse, sondern nur weil der andere arm und ungebildet ist. Wir stehen in der Ge-fahr eines Neukolonialismus.«

»Vielleicht ist etwas Wahres dran . . .«

»Ach, nur weil du auf dem Missionsfeld erzogen wurdest!«

»Weißt du, ich denke . . .« Mehrere begannen gleichzeitig ihre Meinung zu äußern. Plötzlich läutete die Glocke, und die Gruppe zerstreute sich in alle Richtungen.

»Oh, Anna, ich habe dich überall gesucht! Einige von uns wollen zu den Tongs zu einem chinesischen Essen gehen. Willst du mit uns kommen?«

»Chinesisches Essen! Das habe ich noch nie probiert. Werdet ihr mit Stäbchen essen? Werden sie euch nicht Ratten, Mäuse und ähnliches schreckliches Zeug servieren?«

»Natürlich nicht, du Angsthase! Es gibt da wirklich Delika-tessen. Und du brauchst nicht mit Stäbchen zu essen, wenn du nicht willst. Sie geben uns immer Messer und Gabeln, wenn wir nicht um Stäbchen bitten. Doch ich liebe solche besonderen Dinge! Dies wird das dritte Mal sein, daß ich chinesisch esse. Wir bitten immer um Stäbchen — es ist zu lustig! Nun muß ich aber gestehen, daß wir es gewöhnlich aufgeben müssen — das Essen ist so herrlich, daß uns nichts anderes übrig bleibt, als die Gabeln zu benützen, wenn wir wirklich auf unsere Rechnung kommen wollen. Dann wirst du also mitkommen?«

»Um ganz ehrlich zu sein, ich fürchte, sie werden uns solch schreckliches Zeug anbieten, das ich nicht essen kann!«

»Ich wundere mich über dich, Anna. Bist du nicht eine Missionskandidatin? Du wirst dich an fremde Dinge gewöhnen müssen.«

»Nein, aber es ist so unzivilisiert, mit Stäbchen oder mit den Fingern zu essen — und alle essen aus der gleichen Schüssel. Ist es nicht so? Pfui!«

»Übertreib' doch nicht so! Hast du denn nicht die Missionarin gestern abend gehört? Du mußt dich an andrer Leute Bräuche gewöhnen auf dem Missionsfeld, kannst nicht einfach denken, deine Lebensweise sei die beste!«

»Ich weiß!« Anna war plötzlich sehr ernst! »Aber was mich dabei beschäftigt: Wenn nun doch *unsere* Art wirklich die beste wäre?«

Stäbchen, Messer oder Gabeln — was ist das Beste? Nicht, was ist das Interessanteste oder das Lustigste, sondern was ist am zweckdienlichsten, um das Essen auf die angenehmste und eleganteste Art zum Munde zu führen? Verurteile Anna nicht zu schnell. Stellte ich dir dieselbe Frage, wie würdest du darauf antworten?

»Ach, das ist doch ...«, sagst du, »schließlich ...« Ja, da haben wir es! Du und Anna und Millionen andere können nicht anders, als festzustellen, ihre Art sei die beste. Doch wie steht es mit den Millionen Chinas und Japans? Wie würden sie auf diese Frage antworten? Hast du je darüber nachgedacht, daß ihre Reaktion ebenso prompt und ihre Antwort ebenso überzeugt wäre?

Wenn daheim eine Gruppe ehemaliger Missionare zusammenkommt und zu einer Mahlzeit ein chinesisches Restaurant aufsucht, werden sie nach dem Bestellen der Speisen sogleich darum bitten, man möge ihnen das Essen in Schalen und mit Stäbchen, anstatt mit Messer und Gabel auftragen. Warum?

Frage sie danach. Wahrscheinlich wird man dir diese Antwort geben: »Oh, es schmeckt nicht so gut mit Messer und Gabel!« Und das Seltsame dabei: Es ist wirklich so.

»Doch«, sagst du, »Stäbchen sind so schwierig zu gebrauchen!« Gar nicht! Du mußt dich eben an deren Gebrauch gewöhnen. Auch Messer und Gabel sind für einen Anfänger schwierig zu handhaben. Du würdest das, wenn du so viele Erwachsene gesehen hättest, die es lernen wollten, begreifen.

»Aber du kannst damit ja nichts zerschneiden?« Natürlich nicht! In der Küche wird alles zurechtgeschnitten. Ein Stück Fleisch auf einer Platte zu servieren und vom Gast zu erwarten, er solle dieses mit einem stumpfen Messer zersägen, wäre für einen Chinesen undenkbar. Das chinesische Essen wird in der Küche mundgerecht zubereitet.

»Aber wie steht es mit der Suppe oder der Sauce? Diese kannst du doch nicht mit den Stäbchen essen?« Natürlich nicht. Du kannst es aber auch nicht mit Messer und Gabel. Die Chinesen essen die Suppe mit einem Löffel oder trinken sie aus der Schale.

»Eßstäbchen sind nun einmal unpraktisch!« Unpraktisch? Was sagst du da? Sie sind doch wie Pinzetten: Du probierst ein Stückchen, nimmst es zierlich auf deine Stäbchen — anstatt es aufzuspießen oder aufzuschaufeln, wie du das mit der Gabel tust!

Es ist erstaunlich, wie schwer es einem Amerikaner fällt, zuzugeben, daß die Sitten der Menschen anderer Länder besser sind als die seinigen. Willst du auf ein Missionsfeld gehen, um dort die amerikanische Lebensweise zu verkünden, dann bleibst du besser daheim. Wenn ich das sage, meine ich damit nicht, daß Amerikaner nicht auch gewisse Fertigkeiten besitzen, die zu lernen für Fremde durchaus von Vorteil wären. Doch jeder Missionar, der meint, seine Lebensweise sei besser, weil sie zivilisiert oder amerikanisch oder einfach die seinige ist, wird Schwierigkeiten begegnen.

Als ich zum ersten Mal nach China ausreiste, glaubte ich, ich sei frei von Gefühlen der Rassenüberlegenheit. Dann lernte ich durch ein Erlebnis, daß ich gar nicht so demütig war, wie ich es von mir dachte. Es war während der chinesischen Neujahrszeit. In dieser Zeit werden alle möglichen besonderen Speisen zubereitet. Oft sandten uns Christenfrauen eine Schüssel von diesem Gericht und einen Teller, gefüllt mit anderen Leckerbissen. Wir schienen uns alle viel nähergekommen zu sein, und die Freundlichkeit erwärmte unsere Herzen. Dann sandte eines Tages eine begüterte Christenfrau, die noch nicht lange in unsere Stadt gezogen war, ihre Dienerin zu uns mit einem Geschenk anderer Art. Diesmal war es keine Speise, sondern Geld. Der Verkaufswert wäre vielleicht einem amerikanischen Dollar gleichgekommen. Es war die erste Geldgabe aus der Hand einer Chinesin.

Ich hatte mich immer über die Gaben von Speisen gefreut, doch als ich diese Gabe sah, lehnte ich mich entschieden dagegen auf. Etwas in mir rebellierte. »Ich brauche dein Geld nicht!« lautete es in meinem Innern. Glücklicherweise kannte ich die Mentalität der Fremden so weit, um zu verstehen, wie sehr ich die Geberin durch ein Abweisen ihrer Gabe verletzt hätte; darum nahm ich sie entgegen, murmelte einen Dank, den ich nicht eigentlich meinte, und beobachtete die Dienerin, wie sie sich entfernte. Dann setzte ich mich hin und überlegte. *Warum* fühlte ich mich so unbehaglich beim Angebot jener Gabe? Endlich erkannte ich, daß mich das Annehmen derselben in eine untergeordnete Stellung versetzte. Das Annehmen einer Speise war etwas anderes — das bedeutete einfach Geselligkeit. Aber eine kleine Geldgabe? Die gibt gewöhnlich ein Höhergestellter einem Untergebenen, ein Vater seinem Kind, eine Meisterin ihrer Dienerin, ein Begüterter einem Besitzlosen. In diesem Fall natürlich sah die Geberin die Sache nicht so an. Geldgeschenke waren in ihren Kreisen nichts Besonderes, und für sie war der Betrag nicht klein. Hingegen stammte meine unbewußte Reaktion aus einem Gefühl der Erniedrigung, und daran stieß ich mich. Wie könnte ich, als die Überlegene dieser Frau gegenüber (denn so empfand ich), dieses Geld und damit meine Stellung als Untergebene annehmen?

Die Stellung einer Missionarin gleicht meistens der eines Lehrers. Dieser kommt und erzählt den Menschen etwas, das sie nicht wußten, macht sie mit einem Freund bekannt, den sie vorher nicht kannten, von dem sie nie hörten. Er weiß selbstverständlich lehr- und erfahrungsmäßig mehr über das Christentum als die Menschen, zu denen er geht — sonst bestünde ja auch kein Grund, sie aufzusuchen. Er weiß wahrscheinlich auch mehr über die Welt im allgemeinen als die Leute, zu denen er geht. Er kennt vielleicht bessere Lebens- und Arbeitsweisen, die auch in ihre Verhältnisse paßten. Wie kann jemand davon überzeugt sein, mehr zu wissen als andere, und sich dabei nicht erhaben fühlen? Die Menschen, unter denen er arbeitet, mögen erkennen, daß er viel weiß, was sie auch lernen sollten, und werden ihn deshalb als etwas Höheres einschätzen. Dies macht alles schwieriger. Wie kann man den rassenbedingten Superioritätskomplex, dieses Überlegenheitsgefühl als zivilisierter Mensch, oder die Meinung, man habe mehr Bildung und Erfahrung als jene, unter denen man arbeitet, überwinden?

Der erste Schritt dazu ist die Erkenntnis, daß ein solches Überlegenheitsgefühl vorhanden ist. Die meisten von uns haben es nämlich, ohne sich dessen bewußt zu sein. Anerkennen wir, daß dieses Gefühl irgendwo in unserem Wesen existieren könnte, so werden wir es leichter erkennen, wenn es sich plötzlich erhebt, wie es bei mir geschah. Zugeben, was es in Wirklichkeit ist, ist der erste Schritt zur Überwindung. Der zweite Schritt, nehme ich an, ist ein gründliches Vertrautwerden mit jenen, zu denen man geht. Vielleicht schätzen wir sie nicht mehr so minderwertig ein, wenn wir sie richtig kennen: Geh und lebe mit ihnen vierundzwanzig Stunden am Tag zusammen. Sei nicht einfach ein Beobachter, versuche die Dinge zu tun wie sie. Dann erkennst du vielleicht, daß dir das meiste nicht einmal so gut gelingt wie ihren zehnjährigen Kindern. Sind deine Leute unzivilisiert, dann geh mit ihnen in den Dschungel — versuche dort alles zu finden oder zu tun, was du notwendig gebrauchst. Sind sie zivilisiert, jedoch arm und rückständig, dann geh in ihre Häuser und wohne mit ihnen zusammen. Schau zu, wie sie ihre eigenen Lebensmittel pflanzen, und das ohne jegliche moderne Maschine; wie sie ihr Getreide zu Mehl vermahlen. Salze oder trockne ihr Gemüse — schlachte die Tiere, wenn du Fleisch benötigst. — Lerne wie sie die Baumwolle pflanzen, einernten, ausschälen, spinnen, färben, zu Stoff weben und daraus Kleider für ihre Familie nähen — ohne die Hilfe einer Nähmaschine. Und dann beobachte sie — ich tat es oft —, wie sie als Erholung wunderschöne Stickereien zustande bringen! Wenn du dann mit ihrer Lebensweise wirklich vertraut geworden bist (ich sage nicht, daß ich es darin zur Vollkommenheit brachte), hoffe ich, hast du jegliches Gefühl der Überlegenheit verloren. Du wirst sie nie mehr für minderwertige Menschen halten, sondern wirst in ihnen einfach einen Mitmenschen sehen, einen Menschen wie du selbst; Menschen, die in vielem erstaunliche Fertigkeiten besitzen und in anderen Dingen erstaunlich dumm sind: wie du und ich.

Es gibt jedoch noch etwas anderes, das wir zu tun haben, um diesen Überlegenheitskomplex völlig loszuwerden. Wir müssen erfassen lernen, welch einen Unterschied es macht, wenn Christus in unser Leben hineinkommt. Die Menschen, denen wir dienen wollen, leben vielleicht in Schmutz und Krankheiten. Ihr Geist mag stumpf und ihre Herzen mögen finster und voller Furcht sein. (Waren unsere Vorfahren etwa anders, bevor Christus sie fand?) Aber sieh sie zu dem Einen kommen, der das Licht der Welt ist, und beobachte die Umwandlung in ihnen, dann wirst du wissen, wieviel du Christus schuldest. Erkenne die Größe Seiner Macht, die jeden, der zu Ihm kommt, zu einer neuen Schöpfung macht. Diese Menschen brauchen keine Schulung, die sie aus ihrer Umgebung heraushebt. Was sie brauchen, ist nicht das Wissen, wie man mit Messer und Gabel anstatt mit Stäbchen und Fingern ißt, sondern ein *Leben*, das sie völlig umwandelt und es ihnen ermöglicht, im Sieg über Sünde und Teufel unter ihren Leuten zu leben. Dieses neue Leben vermag sie vielleicht ebenfalls umzugestalten — so wird es wahrscheinlich sein —, doch kommt dies erst an zweiter Stelle. Es gibt noch etwas Wichtigeres, das Wichtigste, es ist das Weitergeben des Lebens Christi. Es kommt nicht darauf an, wie niedrig, wie unwissend, wie erniedrigt jemand sein mag. Christus vermag ihn in einen Menschen umzuwandeln, der mir weit überlegen ist, und es kann sein, daß *Er genau das tut*. Wie darf ich, ein armer, erretteter Sünder, auf einen anderen Menschen hinunterschauen? Wie darf ich die Macht Christi in Frage stellen und nicht glauben, daß ein anderer Mensch neu werde?

Oh, Herr, vergib mir das Gefühl der Überlegenheit anderen Menschen gegenüber! Öffne meine Augen und zeige mir, wie tief die Grube war, aus der Du mich herausgezogen hast. Schenke mir ein Einswerden mit den Menschen, zu denen Du mich sendest, und daß ich diese Umwandlung, die Du durch Deine Kraft wirken wirst, miterleben darf!

Hilfe zur Selbsthilfe

Eine neue Missionsstation eröffnet! Ein neuer Sieg des Evangeliums! Hast du dich auch schon einmal gefragt, wie dies vor sich geht? Angenommen, du wärst ein Missionar und hättest die verschiedenen Sprachexamen erfolgreich bestanden. Angenommen, du würdest für einen Ort vorgesehen, wo das Evangelium noch nie gepredigt wurde, einen Ort, wo es von Menschen wimmelt und wo nur wenige je den Namen Jesus gehört haben. Du wirst sehr wahrscheinlich mit einem anderen Missionar zusammenarbeiten. Du bist gesund und vertraut mit der einheimischen Sprache, und dein Herz brennt für den Herrn. Du hast auch etwas Geld zur Verfügung. Was wirst du tun? Wie wirst du die Arbeit anfangen?

Laßt uns sehen, was Herr Beaver tat. Als man ihm sein Arbeitsfeld zuwies und er mit seiner Frau zu den mehr als zehntausend Menschen gesandt wurde, von denen wohl keiner je das Evangelium vernommen hatte, da brannten ihre Herzen vor Eifer und Liebe. Zehntausend Menschen ohne Jesus! Welch eine Möglichkeit! Welch eine Verantwortung!

»Da muß etwas geschehen«, dachte Herr Beaver. »Es muß sofort etwas geschehen, und zwar etwas Durchgreifendes und Wirkungsvolles. Zuerst muß geplant werden, wie die größte Zahl der Menschen in der kürzesten Zeit für Christus gewonnen werden kann. Doch was können schon zwei Menschen angesichts einer solch großen Zahl ausrichten? Wir brauchen Helfer. Auch müssen wir eine Kirche haben und einen oder zwei einheimische Evangelisten. Dazu benötigen wir eine Straßenkapelle und eine christliche Schule; denn auf diese Weise werden wir ungezählte junge Menschen erreichen können.

Kirche und Schule müssen natürlich in der Hauptstadt erbaut werden. Dann müssen wir aber auch an die kleineren Städte und Dörfer denken. Sobald in der Stadt die Sache in Gang gebracht sein wird, müssen wir in den bedeutenden Marktstädtchen Außenstationen errichten; zudem gilt es, Zeltevangelisationen zu organisieren, wobei wir uns der modernsten Mittel, wie Lautsprecheranlage, Schallplatten, Filme und anderem mehr, bedienen. Auch an ein soziales Wohlfahrtsprogramm muß gedacht werden. Das wird uns helfen, die Ärmeren zu erreichen, denn die Mehrzahl der Menschen ist doch unvermögend. Daß ein gewisser Hilfsfond sorgfältig unter solche Menschen verteilt wird, vermag am deutlichsten die Liebe Christi zu vermitteln und wird viele Menschen in unsere Kirche locken.«

So ungefähr dachten Herr und Frau Beaver, und weil sie »Draufgänger« waren, verwirklichten sie ihre Pläne unverzüglich. Zuerst kauften sie ein schönes Stück Land. Darauf ließen sie ein Haus für sich selbst erstellen, dazu eine Versammlungshalle, deren Pforte sich zur Hauptstraße hin öffnete. Auch ein Schulgebäude und eine wunderschöne Kirche kamen schnell dazu. Scharen von Menschen strömten herzu und wollten den Gesang hören, die christlichen Filme sehen und dem Evangelium lauschen, das in Einfachheit und Kraft gepredigt wurde. Es dauerte nicht lange, bis die Leute sich als Suchende eintragen ließen. Die Diener der Missionare folgten als erste der Aufforderung, und Freunde und Verwandte folgten ihrem Beispiel. Man benötigte andere Helfer, wie einen Gärtner, einen Torhüter und mehr. Natürlich wählte man sich diese unter den ersten Bekehrten aus. Bald bildete die fleißige Gruppe eine glückliche Familie, die jeden Morgen früh zum Gebet zusammenkam, sang und gemeinsam den Herrn lobte. Seinen Namen hatten sie vor drei Monaten nicht einmal gekannt, aber jetzt war er ihr anerkannter Meister. Von morgens früh bis abends spät kamen Besucher, und Herr Beaver fand immer Zeit, ihre Jammergeschichten anzuhören, sie auf den Heiland hinzuweisen und ihnen eine kleine zweckentsprechende Hilfe zu geben.

»Dies ist zwar nicht sehr weise«, dachte er dabei, »so viel Geld umsonst auszugeben. Ich will diese Menschen eigentlich nicht zu Almosenempfängern erziehen. Was sie brauchen, das ist Arbeit und jemand, der sie zur Arbeit aufmuntert und — wenn nötig — anlernt. Wir wollen einmal sehen, mir steht ein ganz ansehnlicher Hilfsfonds zur Verfügung, und Arbeit ist genug vorhanden, wenn alle unsere Gebäude ausgebessert werden sollen. Der Bekannte X (ein neuer Hörer) ist Baumeister. Ich werde ihm diese Arbeit übertragen; wir stellen dazu alle armen Leute ein, die Hilfe nötig haben. Dies ist bestimmt besser, als ihnen einfach Geld zu geben. Auf diese Weise werden wir alle unsere Häuser gut ausbauen können. Dabei werden nicht nur unsere Bauten befriedigend ausfallen, sondern die Leute werden eine Gelegenheit haben, das Evangelium immer und immer wieder zu hören, bis sie es wirklich verstehen. Ich bin gewiß, daß viele den Herrn annehmen werden, wenn dieser Plan durchgeführt wird.«

Viele ließen sich als Hörer eintragen, lernten, was ihnen aufgetragen wurde und besuchten die Gottesdienste so treu, daß nach sechs Monaten die erste Taufe gefeiert werden konnte. Welche Freude für die Herzen der beiden Missionare, Herr und Frau Beaver! Zwei weitere Taufen konnten gefeiert werden, ehe das erste Jahr um war, und nun sah Herr Beaver die Zeit für gekommen, daß Diakone eingesetzt und so die Grundlage für eine Gemeinde gelegt werden konnte. Er wählte einige der verheißungsvollsten jungen Männer aus, darunter einen Mann, der im Haus gedient hatte, und sandte sie alle in ein Bibelinstitut. Er freute sich schon auf die Zeit, wenn sie die Schule hinter sich haben und ihm in seiner Arbeit beistehen würden. Dann würde er die ersten Evangelisten entsenden können (sie maßten sich ohnehin schon jetzt allerhand an und meinten, sie wüßten besser als er, wie das Werk des Herrn vorangetrieben werden sollte!). Dann würde er nur noch seine eigenen geistlichen Kinder als Mitarbeiter in seinem Werk haben. Alle würden dann glücklich unter seiner Leitung zusammenarbeiten. Bestimmt konnte der Herr mehr segnen, wo alle Arbeiter ein Herz und eine Seele waren. Nun, man konnte ja eigentlich nicht behaupten, die jetzigen Evangelisten seien nicht eines Sinnes mit ihm, doch fühlte er manchmal, daß irgendwo etwas fehlte. Hie und da unterstützten sie seine Pläne nicht mit der gewünschten Begeisterung.

Nach drei Jahren hatte Herr Beaver in sechs Marktstädtchen Kirchen gebaut und erwartete nun die ersten jungen Leute vom Bibelinstitut zurück. Nach einem kurzen Aufenthalt auf der Hauptstation sollten sie sogleich regelmäßige wöchentliche Versammlungen in den drei letzten der sechs Städte beginnen. Er selbst reiste beständig hin und her, und wo immer er hinkam, strömten ihm die Leute zu und erwarteten von ihm Hilfe oder Ratschläge. Es stimmte, daß sich der eine oder andere von ihm abwandte, doch konnte man nicht erwarten, daß in der Reichsgottesarbeit alles ohne Schwierigkeiten ablaufe, und die Mehrzahl sah doch zu ihm auf wie Kinder zu ihrem Vater. In der Gemeinde gab es jetzt Älteste und Diakone, und wenn er bei Beratungen den Vorsitz führte und die Gruppe überblickte, wie seine eigenen geistlichen Kinder bereits ihren Platz als Gemeindeleiter einnahmen, dann schmolz sein Herz. Zugegeben, sie gingen eher zögerlich vorwärts und befragten ihn immer, ehe sie etwas unternahmen; aber dies war nur natürlich und recht. Schließlich hatten sie erst wenig Erfahrung in Gemeindeangelegenheiten, und natürlich konnte man von ihnen nicht erwarten, daß sie in der Verwaltung des Hauses Gottes schon alles wüßten. Tatsächlich hatte er bereits energisch auftreten müssen, als einer, der noch wenig Erfahrung besaß und unbesonnener war als alle andern, seine eigenen Ideen in Gemeindegeschäften entwickelt hatte. Doch hatte er bald nachgegeben und seine Fehler erkannt. Welch glückliche Familie bildeten sie doch! Tatsächlich war alles so gegangen, wie er geplant hatte. Gott war wirklich gut!

Zu der Zeit, als Mr. Beaver auf seiner Station seine prächtigen Pläne verwirklichte, wurde ein anderer junger Missionar in ein neues Gebiet entsandt. Mr. Trainer war vielleicht eine weniger feurige Persönlichkeit, doch war er sich über die Pläne für die zu werdende Gemeinde ebenso klar wie Mr. Beaver. Er orientierte sich dabei daran, wie das Wort Gottes die Gemeinde beschreibt: Die Gemeinde, welche ein Leib ist — der Leib Christi; die Gemeinde — durch die Innewohnung des Heiligen Geistes das Licht der Welt! Die Gemeinde, in der jedes einzelne Glied in lebendiger Verbindung mit dem Haupt steht und darum mit jedem andern Glied lebendig verbunden ist. Die Gemeinde, in deren Glieder der Heilige Geist wohnt, und wo jedes Glied seine Verantwortung zum Leben und Zeugen für den Einen spürt, der ihm alles in allem bedeutet. Die Gemeinde, die Mr. Trainer pflanzen wollte, sollte eine lebendige Pflanze sein, die ihre Wurzeln in Gott hatte, eine Gemeinde, die sich nicht auf den Missionar stützte oder auf irgendeinen anderen Menschen, sondern Christus als Mittelpunkt anerkannte, eine Gemeinde, reich an Gaben durch den Heiligen Geist und befähigt, diese Gaben zur eigenen Erbauung zu gebrauchen und zum Einbringen von Seelen in das Königreich Christi.

Mr. Trainer begab sich wie Mr. Beaver in die Hauptstadt seines Arbeitsfeldes und mietete sich in der Hauptstraße ein. Sein »Anwesen« bestand aus einem winzigen Haus mit einem noch winzigeren Gärtchen. Er baute nichts, und seine Räume waren nur spärlich ausgestattet. Bücher schienen sein einziger Besitz zu sein. Überall gab es Bücher, sagten seine Besucher, weiter nichts Besonderes — einige ganz gewöhnliche Möbelstücke, das war alles. Er besaß keine Straßenkapelle und keine bezahlten Arbeiter von auswärts. Doch täglich stellte er seinen Tisch und einige Stühle in seinen winzigen Vorhof, bedeckte den Tisch mit anziehender Evangeliumsliteratur, in der Landessprache geschrieben, und dort sah man ihn sitzen und lesen. Vorbeigehende hielten sich gerne bei ihm auf und besahen sich seine Bücher. Jeder bekam ein schönes evangelistisches Traktat und konnte der Botschaft so lange zuhören, wie es ihm paßte.

Einige kauften Evangelien und andere Schriften. Es gab solche, die es sich zur Gewohnheit machten, jeden Abend nach der Tagesarbeit hereinzukommen, und Mr. Trainer lehrte sie Evangeliumslieder und Chorusse, vor allem unterrichtete er sie im Wort. Oft begab er sich auf die Straße, ging von Geschäft zu Geschäft, verteilte Traktate und lud Leute zu sich ein, wenn sie Zeit dazu fanden.

Mr. Trainers Missionsanwesen war klein, verglichen mit Mr. Beavers. Er hatte weder Schule noch Kirchengebäude. Zu Beginn seiner Tätigkeit hielt er nicht einmal Gottesdienste. Wer wäre auch schon gekommen? In der ganzen Gegend gab es ja doch keinen einzigen Christen. Er zog keine großen Menschenmengen an. Auch gab er keine großen Summen Geld aus und stellte keine große Anzahl Leute an. Zu ihm kamen keine Menschen um finanzieller Hilfe willen — was würde es genützt haben, wo er doch nicht mehr Geld zu besitzen schien als sie selbst? Doch fühlten sich einige zu ihm hingezogen, einige wenige, »denen der Herr das Herz auftat«, und Tag um Tag sagte er ihnen mehr über seinen Erlöser. Erst nach einem Jahr hielt er den ersten Taufgottesdienst. Die Zahl der Täuflinge war allerdings kleiner als bei Herrn Beavers, doch die Freude in seinem Herzen war die gleiche.

Sogar ehe diese Bekehrten getauft werden konnten, unterrichtete sie Herr Trainer schon über Fragen der Gemeinde Jesu Christi. Er lehrte sie, daß Christus durch den Heiligen Geist in ihnen wohne. Täglich brachte er sie vor den Gnadenthron und leitete sie zum Beten an. Er weckte in ihnen das Verlangen, ihre Familienangehörigen und Freunde für Christus zu gewinnen, und ermutigte sie zum Zeugnis vor Gläubigen aus ihren Kreisen oder vor Menschen, die Christus nicht kannten. Er erklärte ihnen, wie sie andere zu den kleinen Abendzusammenkünften einladen und in deren Gegenwart von Christus zeugen könnten. Vorschläge machte er nicht viele, doch betete er und ließ sich von Gottes Geist über die Art und Weise des Zeugnisses unter ihnen leiten. Bald wurde er in ihre Häuser eingeladen, um vor deren Angehörigen von Jesus zu reden. Bei solchen Gelegenheiten forderte er den Gläubigen, der ihn eingeladen hatte, zu einem persönlichen Bekenntnis auf und sprach auch selbst zu den Leuten. Manchmal begleiteten ihn noch andere Gläubige. Auch diesen gab er eine Gelegenheit zum Zeugnis. So war es ganz natürlich, daß die gewöhnliche Abendversammlung hier und da in den verschiedenen Häusern gehalten wurde, anstatt immer in Herrn Trainers Haus. Schon bald übernahmen die einzelnen Gläubigen die Leitung dieser Versammlungen mit spontanen Zeugnissen, oder sie sprachen sich einfach über »wunderbare Gedanken« aus Gottes Wort aus, die ihnen während des persönlichen Bibelstudiums daheim geschenkt wurden. Auch erzählten sie bei diesen Zusammenkünften von Gelegenheiten zum Zeugnisablegen vor andern für den Herrn und beteten gemeinsam für ihre Anliegen, die auf diese Weise vor die Gruppe gebracht wurden. Bald fanden andere Seelen den Herrn, nicht durch das direkte Bemühen des Missionars, sondern durch das Mitwirken dieser jungen Gläubigen. Dies, dachte Herr Trainer, war bei allem der größte Sieg!

Obgleich er ebenfalls Straßenversammlungen plante, wollte Herr Trainer nicht, daß diese aus seinem eigenen Bemühen heraus entstehen sollten, sondern er rechnete damit, daß die Gemeinde sich dieser Sache annehme. Darum hielt er mit seinem Verlangen zurück und sagte nichts, betete aber beständig über diese Angelegenheit. Wie groß war seine Freude, als eines Tages ein Gemeindeglied fragte: »Sollten wir nicht irgendwo Versammlungen haben, wo mehr Leute kämen, damit wir ihnen das Evangelium predigen könnten?« Als niemand ein passendes Lokal wußte, das sie hätten mieten können, erlaubte er sich, ihnen von Freiversammlungen zu berichten, denen er selbst beigewohnt hatte. Weil sie nie davon gehört hatten, zweifelten einige an deren Zustandekommen, andere wunderten sich. Er beantwortete ihre Fragen über die Art solcher Versammlungen, doch warb er nicht darum. Eine oder zwei Wochen hörte er nichts mehr von der Sache, bis eines Tages eine ganze Gruppe, die sich — wie es schien — inzwischen miteinander besprochen hatte, zu ihm kam mit dem dringenden Wunsch nach einer Straßenversammlung. Obgleich keine Entscheidungen für Christus getroffen wurden, kam doch eine große Schar Menschen zusammen, und die Christen waren so begeistert über diese Art der Evangelisation, daß die Straßenversammlungen von jenem Tage an zu einer regelmäßigen Veranstaltung wurden.

Weil die jungen Gläubigen in diesen Versammlungen von ihrem Leben mit Christus zeugten oder eine kleine biblische Botschaft gaben, empfanden sie ihr Bedürfnis nach mehr Bibelkenntnis sehr stark. Deshalb entstanden anstelle der gewöhnlichen Zeugnis- oder Gebetsversammlungen regelmäßige Bibelstunden, wozu man sich zweimal wöchentlich zusammenfand. Zuerst beschränkte man sich auf das Vorbereiten der Bibelbotschaften für die nächste Straßenversammlung. Später wählten die Christen ein bestimmtes Buch aus der Bibel oder ein gewisses Thema und baten Herrn Trainer um seinen Unterricht. Notizbücher füllten sich mit Aufzeichnungen, und langsam wurden diese fleißigen Schüler mit den praktischen Methoden des Bibelstudiums vertraut; aber vor allem lernten sie dem Heiligen Geist vertrauen, der das Wort schenkte und es in ihren Herzen lebendig machte.

Herr Trainer hatte bereits den ersten Gläubigen vorgeschlagen, sie möchten sich an den Sonntagen zusammenfinden. Meistens hatte er diese Zusammenkünfte selbst geleitet. Als die Gemeinde aus einem ersten Dutzend Christen bestand, ermunterte er sie, zu handeln wie die Gemeinde zu Jerusalem in Apostelgeschichte 6, die Diakone wählte. Die Gruppe betete viel darüber und erwartete vom Herrn klare Leitung. Als dann die Diakone wirklich gewählt wurden, wußten sie alle, daß diese Männer nicht bloß von ihnen, sondern vom Heiligen Geist bestimmt waren. Nach dieser Wahl übertrug er ihnen alle Versammlungen und schlug vor, daß sie die beiden Aufgabenbereiche teilten: die Leitung der Sonntagmorgen-Versammlungen und die Botschaft. Er würde sich freuen, einfach mit ihnen zu arbeiten. Und so geschah es.

Bis dahin hatte sich die kleine Gemeinde immer hin und her in den Häusern versammelt. Die Schwierigkeit unpassender Räume und der Mangel an Bänken machte sich aber bald bemerkbar; darum entschlossen sich die Diakone kurz nach ihrer Einsetzung zu einer Abhilfe. Gab es an anderen Orten nicht Kirchen? Warum sollten sie keine haben? Einige glaubten, es bestehe irgendwo eine Mission oder Kirche, die für solche Bedürfnisse Geld spende. Sie wandten sich an den Missionar und befragten ihn darüber. Der erklärte ihnen, daß es tatsächlich Missionsgesellschaften gebe, die größere oder kleine Beträge zu Kirchenbauten schenkten, doch sei dies weder im Sinn des Neuen Testamentes, noch entstehe auf diesem Weg eine starke lokale Gemeinde. »Viel besser wäre es«, sagte er, »sich in einer Hütte, die ihr selbst baut, zu versammeln, als in einem prächtigen Gebäude.« Die Christen erwogen diese Angelegenheit eingehend, und bald waren alle Gläubigen in tiefen Sorgen. Es schien einfach eine Unmöglichkeit zu sein, Herrn Trainer umzustimmen. Noch unmöglicher kam es ihnen vor, zu tun, was er von ihnen erwartete: genügend Geld zum Bau einer eigenen Kirche zusammenzubringen. Wie sollten sie, die zwölf oder fünfzehn getauften Christen — davon einige Frauen und junge Leute aus Häusern, wo das Familienoberhaupt noch gar nicht glaubte —, ein solches Unterfangen auf sich nehmen können! Herr Trainer wies sie immer aufs neue auf das Gebet hin. Das taten sie — es schien ihnen kein anderer Ausweg zu bleiben. Endlich stellten die Diakone eine besondere Opferbüchse für Gaben auf, die für das neue Kirchengebäude bestimmt sein sollten, und — das Geld begann »hereinzufließen«. Es gingen größere Gaben ein, als sie erwartet hatten, aber sie waren wie Tropfen auf einen heißen Stein, verglichen mit der benötigten Summe. Die Zeit verging, und der Fonds vergrößerte sich langsam. Vorschläge, man sollte doch »Kirchenbazare« und »Gesellschaftsabende« durchführen, wurden mehrmals laut. (Wo hatten sie nur von solchen Dingen gehört?) Herr Trainer riet von solchen Veranstaltungen ab, doch fühlte er, daß er nicht das Recht habe, sie entschieden zu verbieten. Stand die Gemeinde nicht auf eigenen Füßen, und waren sie nicht Christus für ihr Handeln verantwortlich? Doch betete er viel darüber, und keiner dieser Vorschläge wurde je verwirklicht!

Eines Sonntags wurde eine aufregende Neuigkeit bekanntgegeben. Ein begüterter Geschäftsmann in der Stadt bot ihnen ein passendes Stück Land als Geschenk für ihren Bau an! Die Christen verdoppelten ihre Bemühungen und legten ihre Gaben ein. Die Mitgliederzahl vergrößerte sich, und alle neuen Gläubigen steuerten freudig bei. Dann machten zwei Diakone folgenden Vorschlag: »Warum können wir die wichtigsten Arbeiten am Gebäude nicht selbst verrichten? Das würde den ganzen Bau wesentlich verbilligen.«

Die Pläne mußten sorgfältig ausgearbeitet werden, doch kam ihnen dabei der Nachbar eines Christen, ein Baumeister, zu Hilfe; endlich konnte mit den Arbeiten begonnen werden. Viele opferten lange Stunden nach ihrem regelmäßigen Tagesprogramm. Es tauchten Schwierigkeiten auf, doch halfen Gebete und zähe Ausdauer darüber hinweg. Nachdem man einmal zu bauen begonnen hatte, gingen mehr Gaben ein, und groß war die Freude, als die einfache kleine Kapelle endlich fertig vor ihnen stand und für den ersten Sonntagmorgengottesdienst verwendet werden konnte. Scharen interessierter Nachbarn und Freunde nahmen am Gottesdienst teil, und einige Diakone teilten sich die Predigt. Sie hatten auch einen Gastredner eingeladen, den Pfarrer einer Kirche, die ihnen eine Gabe für den Kirchenbau gesandt hatte. Der Gottesdienst dauerte länger als zwei Stunden, aber alle waren glücklich, und immer und immer wieder stieg das Lob zu Gott auf für ihre eigene Kirche!

Es vergingen einige Jahre. Das Werk der beiden Missionare Beaver und Trainer wurde weitergeführt, wie es begonnen worden war. Dann brach plötzlich der Krieg aus. Schlimmer noch — man erblickte in den Missionaren »Staatsfeinde«. Alles flüchtete. Die beiden Missionare standen vor ihrem Urlaub, und hätten sie ihre Arbeit nicht verlassen, so hätte ihr Ausharren auf dem Feld den zurückbleibenden Christen nur Schwierigkeiten gebracht. Beide packten die nötigsten Sachen zusammen und verließen ihre Arbeit. Sie flohen gerade noch zur rechten Zeit, hätten sie einige Tage länger gewartet, dann wären sie in ein Konzentrationslager eingewiesen worden. Als sie in ihrer Heimat ankamen, wußte jeder von ihnen eine wunderbare Geschichte zu erzählen, wie Gott Seelen errettet, Gemeinden gebaut und sie persönlich aus gefahrvoller Lage befreit hatte. Jedem Vortrag, den sie hielten, folgten die Worte: »Betet für die Christen dort. Des Krieges wegen erhalten wir keine Nachricht von ihnen; wir haben nichts von ihnen gehört, seitdem wir sie verlassen mußten. Betet, daß sie treu bleiben und die Gemeinden trotz Krieg und Not zunehmen und wachsen und viele Seelen zu Christus gebracht werden möchten!«

Endlich war der Krieg zu Ende. Wieder wurden freundschaftliche Beziehungen zwischen den Ländern gepflegt. Beide Missionare hatten einen vorzüglichen Heimaturlaub erlebt — eine geistige und körperliche Erholungszeit —, beide hatten viele Gelegenheiten zum Bekanntmachen der Nöte, Schwierigkeiten und auch der Siege auf dem Missionsfeld gehabt. Dann geschah etwas. Beide Männer erwarteten eine Rückkehr auf ihr voriges Arbeitsfeld, um dort jene geliebten Christen, ihre

Söhne und Töchter im Herrn, wiederzusehen – doch weder der eine noch der andre kehrte dorthin zurück. Jeder wurde in ein anderes Gebiet gerufen, keiner kam auf seine Station zurück. Andere gingen an ihrer Stelle, die kaum etwas über die Geschichte der einzelnen Stationen oder die dort geleistete Arbeit wußten. Was fanden diese Missionare in den Arbeitsfeldern? Ich denke, ihr könnt es erraten.

Herrn Beavers Station hatte immer genügend ausländisches Geld bekommen. Dadurch, daß einer Christ wurde, hatte er Anrecht auf eine gewisse Summe aus dem Hilfsfond gehabt, vielleicht auch auf eine Anstellung oder kostenlose Schulung seiner Kinder. Viele hatten die »Sprache Kanaans« gelernt und waren in die Gemeinde aufgenommen worden, ohne je eine Herzensänderung erlebt zu haben. Als dann der Krieg ausbrach und der Missionar sie verließ, war es aus mit den Anstellungen, und die Schulen wurden geschlossen. Niemand war mehr da, um die Evangelisten zu bezahlen, und so zogen sie an andere Orte oder übernahmen andere Arbeiten. Die Diakone und Ältesten waren gewohnt gewesen, alle Anregungen von Herrn Beaver entgegenzunehmen, und hatten nie gelernt, auf eigenen Füßen zu stehen. Einige jener Leiter hatten zu der Gruppe gehört, die sich der Gemeinde anschloß, nicht weil sie Buße getan und sich zu Christus gewandt hätten, sondern um der materiellen Vorteile willen, die ihnen dort zukamen.

Sobald Herr Beaver weg war, stritten sie sich gegenseitig, wer nun seinen Platz einnehmen und der »große Meister« sein dürfe. Keiner war imstande die Gottesdienste zu leiten; denn die Dinge hatten immer in den Händen Herr Beavers oder der bezahlten Arbeiter gelegen, die alle weggezogen waren. Keiner der Ältesten oder Diakone hatte je in seinem Leben eine Predigt gehalten. Einige versuchten es, doch vermochten ihre Bemühungen keine Scharen anzuziehen, und bald schmolz die Zuhörerschaft zu einem elenden Häuflein zusammen. Dann begannen die Streitigkeiten über das Besitztum. Es stimmte ja, es gehörte nicht ihnen, sondern der Missionsgesellschaft; bestimmt war es doch die Aufgabe der Gemeinde, sich während der Abwesenheit des Missionars darum zu kümmern! Einige der sogenannten christlichen Familien bezogen die leerstehenden Gebäude mit oder ohne Bewilligung der Diakone und Ältesten, aber diese dachten, die Gebäude *sollten* doch bewohnt sein, und natürlich würden diese Leute die Miete bezahlen. (Sie taten es nie!) Allmählich hörten auch die Sonntagsversammlungen auf. Einige Christen hielten dem Herrn die Treue und versammelten sich gelegentlich in einem Privathaus. Weil jedoch niemand in die Leitung eines Gottesdienstes eingeführt war, konnten sie nur zusammen singen, die Bibel lesen und beten.

Was war nun auf der anderen Station geschehen? Dort lagen die Verhältnisse ganz anders. Die Gläubigen waren durch die Leiden des Krieges gegangen, sie hatten aber den Herrn zur Seite gehabt. Die Weiterführung der Gemeindearbeit war kein Problem — hatten sie doch immer mitgearbeitet. Es war schwierig, Geld zu bekommen, und viele junge Leute wurden in den Krieg eingezogen; doch standen die Herzen offen wie nie zuvor, und immer wieder konnten Taufgottesdienste abgehalten werden. Sie vermißten Herrn Trainer sehr, aber nun waren sie mehr denn je auf den Herrn geworfen und fanden in Ihm volles Genüge in jeder Not.

Man kann leicht sagen, der eine Missionar habe richtig und der andere falsch gehandelt. Doch wie viele aus unserer Mitte wären nicht Herrn Beavers Fußstapfen gefolgt, hätte man uns nicht gewarnt! Und wie viele aus unseren Reihen, obgleich gewarnt, stehen heute nicht in Gefahr, sich selbst zum Mittelpunkt zu machen, um den sich die Missionsstation dreht?

»Es ist sehr schön zu sagen, die Christen sollten von Anfang an die Verantwortung auf sich nehmen«, denken wir, »doch *hier* ist es unmöglich. Diese Leute sind arm! Und sie sind zu unwissend! Nein, sie würden doch ohne Zweifel alles verkehrt machen, wenn ich ihnen die Leitung überließe!« Und so fahren wir fort, jedem zu sagen, was er tun sollte, und achten darauf, daß es getan wird. So müssen die jungen Gläubigen zwangsläufig zu der Auffassung kommen, das christliche Leben sei einfach eine Sache des Gehorsams dem Missionar gegenüber, der etwas befehle, und sie müßten einfach nur danach handeln.

Dies ist nicht die Art der Gemeindebildung eines Paulus. So groß und dynamisch sein Charakter war, so unterrichtete und leitete er doch seine Gruppen junger Gläubiger, daß sie leicht selbständig weiterführten, was er begonnen hatte, und sogar an innerem Wachstum zunahmen, nachdem er sie nach einigen Monaten oder einem Jahr verließ. Er errichtete keine Kirchengebäude für sie, keine Schulen und gab keine »Zuschüsse«. Aber er brachte sie soweit, daß sie als lebendige Gemeinden in direkter Verbindung mit dem Haupt handelten und ihn, den Apostel, nicht zum Mittelpunkt machten. Seine Bemühungen gingen dahin, selbständige Gemeinden heranzuziehen, die in der Kraft des Einen standen, der auch einen Paulus trug.

Warum denken wir Missionare so leicht, wir wüßten besser, wie das Werk des Herrn vorangetrieben werden sollte, als ein einheimischer Gläubiger — vor allem dann, wenn dieser durch uns zum Herrn geführt wurde? Das Werk des Herrn tun ist nicht unbedingt eine Angelegenheit des Wissens, der Ausbildung oder der Erfahrung.

Es mag stimmen, daß ich durch Jahre hindurch Bibelunterricht hatte, und die kleine alte Frau, mit der ich Besuche mache, mag in ihrem Leben keinen Tag zur Schule gegangen sein; es mag sein, daß ich die ganze Welt bereist habe, sie jedoch ist nie weiter als dreißig Meilen über ihren Geburtsort hinausgekommen; es mag sein, daß ich von meiner frühesten Kindheit an das Evangelium gehört und die Bibel studiert habe, und sie kennt die Bibel erst seit einigen Jahren. Ich erlebte die Wiedergeburt vor fünfundzwanzig oder dreißig Jahren, sie ist erst seit drei oder vier Jahren Eigentum des Herrn. Nehmen wir an, wir besuchen einen Kranken oder jemanden, der in Schwierigkeiten ist. Ich nehme ein Bild und erkläre das Evangelium sehr eingehend. Die Frau, die wir besuchen, lauscht meinen Worten mit offenem Mund, und nach zwanzig Minuten klarer und einfacher Predigt, so gut ich es eben zu tun vermag, und wenn ich gerade den Höhepunkt erreicht habe, legt sie ihre Hand auf meinen Arm und fragt ernsthaft: »Hast du dieses Kleid selbst geschneidert?« Ich bin enttäuscht. Hat sie nun die ganze Zeit darüber nachgedacht? Hat sie darum ihre Augen unverwandt auf mir ruhen lassen? Was nützt nun alles?

Dann beginnt die alte Frau, die mich begleitete, zu reden. *Sie* kann nicht einmal die einfachsten Hauptlinien aus dem Leben Jesu erklären. Doch sie wendet sich an die Frau, deren Leben und Gedanken sie kennt (war sie nicht auch genau so unwissend gewesen, ehe sie errettet wurde?), und sagt: »Schau mich an! Ich lebte in dieser und jener Schwierigkeit und in jener andern dazu, und dann kam ich zu Jesus und bat Ihn, mir meine Sünden zu vergeben. Er tat es, nahm alle Schwierigkeiten von mir und gab mir ungeahnten Frieden und Freude. Komm zu Ihm, auch du kannst sie haben!«

Wenn dann die Person, die wir besuchen kamen, plötzlich sagt: »Ich will auch glauben«, ist es sehr wahrscheinlich das Resultat des Zeugnisses meiner Begleiterin und nicht meiner glänzenden Evangeliumsbotschaft wegen!

Bist du ein Missionskandidat? Wenn du jemals auf das Missionsfeld hinausgelangst, denke daran, daß ein einfaches, ernstes Zeugnis eines Gläubigen, der »genau so ist wie wir«, weit mehr Früchte zeitigen wird als deine besten Bemühungen es je vermögen. Denke nicht, der Missionar sei der einzige, der Seelen zu Jesus bringen könne. Jemand, der eben erst errettet wurde, mag sehr wohl ein wirkungsvollerer Zeuge werden, als du selbst es bist.

So ungebildet und degradiert eine Gruppe auch sein mag, es

gibt immer einen oder zwei begabte Leiter dabei. So arm und unwissend er sein mag, wenn er wirklich gerettet ist und weiß, daß er es ist, wird er immer ein Zeugnis für andere aus seiner Gruppe sein. So arm eine kleine Schar Gläubiger sein mag, wenn sie anhält am Gebet und im geduldigem Ausharren, wird sie bestimmt für sich einen Versammlungsraum erstellen, der so gut ist wie ihre eigenen Häuser oder sogar besser. Die Gemeinde Gottes hängt nicht von gotischen Bogen und bunten Kirchenfenstern oder Predigern in Talaren und feierlich gekleideten Chören ab. Sie ist nicht abhängig von materiellen Mitteln oder der Weisheit dieser Welt. Nichts davon ist wesentlich. Die einzig wichtigen Voraussetzungen für die Gemeinde Christi liegen in Christus und in der bußfertigen erlösten Seele, ganz gleich, welcher Rasse, Kultur oder wirtschaftlichen Stellung sie angehört. Die Gemeinde Christi bildet sich aus Menschen jeden Standes, die das Heil in Christus angenommen haben.

Der Missionar kann sehr leicht zum kleinen Herrscher werden. Gott möge uns davor bewahren! Gott möge uns auch vor der Einstellung bewahren, uns als die einzigen Kanäle zu betrachten, durch die Gottes Gnade bedürftigen Seelen zugeführt werden soll, oder als die einzigen, die fähig wären, Gottes Stimme zu vernehmen! Mögen wir nie vergessen, daß in jedem Gläubigen, sobald er wiedergeboren ist, der Heilige Geist wohnt! Und möge Gott unsere Augen öffnen für Wege und Möglichkeiten, durch die wir die vielleicht größte Aufgabe des Missionars erfüllen: eine junge Gemeinde so weit zu bringen, daß sie ohne uns bestehen kann, die Aufgabe, uns selbst für die Arbeit entbehrlich zu machen.

ER verzichtete auf seine Rechte!

Kein Recht auf ein warmes Bett und einen schön gedeckten Tisch.

Kein Recht auf ein eigenes Zuhause, einen Ort, wo Er Sein eigenes Vergnügen hätte suchen können.

Kein Recht, sich angenehme, passende Gefährten auszuwählen, die Ihn verstanden und mit Ihm gefühlt hätten.

Kein Recht, vor Schmutz und Sünde zurückzuschrecken oder sich abzuwenden, um auf reineren Pfaden zu wandeln.

Kein Recht, verstanden und geschätzt zu werden — nein, nicht von denen, über die Er ein doppeltes Maß Seiner Liebe ausgegossen hatte.

Kein Recht, nie von Seinem Vater verlassen zu werden — von dem Einen, der Ihm mehr als alles andere bedeutete.

Sein einziges »Recht« bestand darin, Schande, Hohn und Schläge still zu erdulden, Seinen Platz als Sünder auf der Anklagebank einzunehmen, meine Sünden unter großer Qual ans Kreuz zu tragen.

ER verzichtete – und ich?

Ein Recht auf die Bequemlichkeiten des Lebens?

Nein, dafür ein Recht auf die Liebe Gottes als mein Ruhekissen.

Ein Recht auf körperliche Sicherheit?

Nein, dafür ein Recht auf die Gewißheit, in Seinem Willen zu ruhen.

Ein Recht auf Liebe und Verständnis meiner Umgebung?

Nein, dafür ein Recht auf die Freundschaft des Einen, der mich besser versteht, als ich es selber kann.

Ein Recht auf eine führende Rolle unter den Menschen?

Nein, dafür ein Recht, von dem Einen geführt zu sein, dem ich alles übergeben habe, und mich von Ihm wie ein kleines Kind führen zu lassen, das seine Hand in die des Vaters legt.

Ein Recht auf ein Zuhause und geliebte Menschen?

Nein, nicht unbedingt, dafür ein Recht, im Herzen Gottes zu wohnen.

Ein Recht auf mich selbst?

Nein, dafür habe ich ein Recht auf Christus!

Alles, was Er nimmt, will ich Ihm geben,
Alles, was Er gibt, das will ich nehmen.

Er, mein einziges Recht.
Er, das einzige Recht, vor dem sich alle andern Rechte in Nichts auflösen.

Ich habe ein volles Recht auf Ihn.
Möge Er ein völliges Recht auf mich haben!